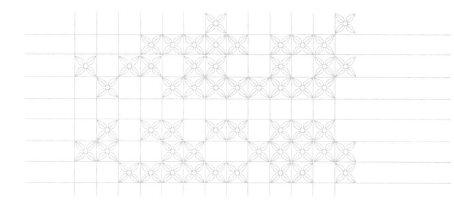

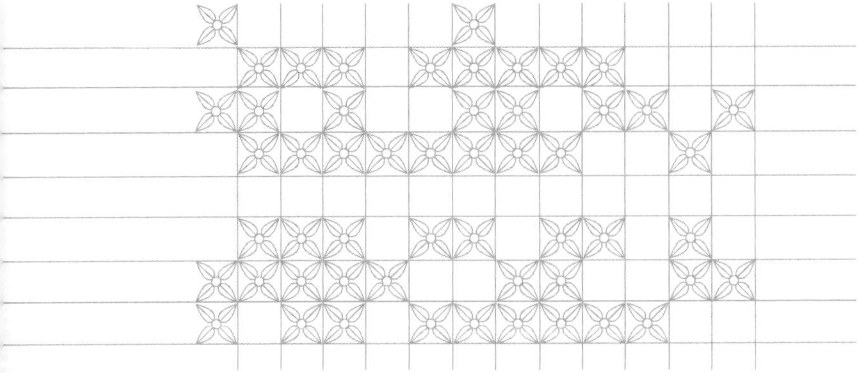

台灣老屋散策

張倫——著

穿街走巷
人文慢旅

晨星出版

Content

目次

南部

東部

作者序

被老屋召喚的人

南風停息，暑熱熛起的四月天，我揹著一台單眼相機和三顆鏡頭，跨上小摺一圈又一圈揮汗踩踏，踏上尋訪老屋的旅程。拍攝全台灣的老屋，是我十幾年前還是個大學生時便悄然萌生的夢想。

那時常坐火車往返台北就讀的大學和老家台中，窗外飛逝而過一幅幅參差不整，卻處處坦然流露民間美學趣味的老屋樣貌，引發我探索老屋的想望。鐵窗花、二丁掛、水泥花磚、竹編夾泥牆……，翻過多少書頁，多少曖昧不明的建築語彙，像是在誘惑我，以實際行動作為連接詞，串連成一首關於空間記憶的影像詩。

每一次尋訪老屋的過程裡，難免好奇現任經營者接手老屋的緣由，這些經營者常自動招認，冥冥中有股感覺自己是「被老屋召喚的人」，或許這可以解釋，為什麼他們總是不計成本地投注心力和金錢，整修往往早已傾頹不堪，和自己又無什淵源的老屋。這樣說來，我何嘗不也是被老屋選中的人？才會在這塊土地上日復一日地逡巡，探訪一間又一間老屋而樂此不疲。

近年來眼見台灣各地老屋活化已經邁入新的階段，許多老屋改造從原本的單點，逐漸串接成線，再擴大成面，因此探討老屋除了單點的思考層次，若能再從街廓的區域性來加以掌握，或許可以引導出更多有趣的內容。每一棟房屋不會單獨存在，它會出現在那裡一定有其時空背景下的因素，一棟建築背後蘊藏了歷史、地理、政治、經濟、社會、時代美學等眾多意涵，在在呈現面向豐富的人文脈絡，因此穿街走巷的老屋散步，正如同逛遊有機形成且活生生的街道博物館。

這一年多以來，我從企劃編輯的角度，跑遍台灣本島的老屋路線，這些路線都是多方研究資料，以步行或單車的方式，一步一腳印實地踏查規劃而成，再從許多老屋路線中，精選出特色老屋眾多、踩踏輕鬆愜意、單日便能完成的行程，而且絕對具有多次遊訪的深度與趣味。這本書的完成，除了感謝總編輯惠雅邀約撰寫，友人素靜阿姨、林叔叔、佳穎與懋懋在交通住宿等事務上的慨然襄助，也讓我時刻銘記在心。

對老屋旅遊有興趣的讀者，現在就可以動身了！或許我們會在某條舊街巷不期而遇，一同沉醉在老屋走過歲月的美麗光華裡。

2016.06.01於南崁

推薦序

夢想不在他方　希望就在家鄉

我很榮幸寫推薦序，我是古正君，被古宅召喚洄游的老屋守門人。三十幾年前我逃也似地離開老家，對一位追求所謂夢想的人來說，老屋曾經是個阻礙。直到命運的牽引，一百八十多歲的古宅呼喚，世界繞了一圈，最後還是心甘情願回來，和老宅一起揮灑再生的活力。生命終究，如同小英總統所言：「夢想不在他方，希望就在家鄉。」

我非常享受著閱讀《台灣老屋散策：穿街走巷人文慢旅》，懷想每棟老屋的過去風華，它們刻劃歲月的痕跡，記錄過去常民生活的美學與智慧，反映了數百年來台灣的變化，承載著屬於它們時代的榮光，也印記在地多元發展的枯榮。老屋保存不能只有修復及緬懷，活化如果能以在地常民文化為基底，轉化成文化服務才能創造雙贏。台灣老屋正因為新世代的創意服務，演繹著屬於當代的文化進行式……

身為台灣老屋守門人，我由衷推薦這本書，它值得陪伴你「用心慢旅」，細看台灣老屋的傳承智慧，留住老風情，發現新風貌。

古正君

桃園大溪「源古本舖」負責人

推薦序

老屋中的時空旅行

張健芳

還記得第一次去歐洲，借住當地朋友家，我愛極了那棟爬滿藤蔓的紅瓦老屋，古色古香，韻味十足，彷彿住在童話裡，主人見我豔羨不已，鼻子哼了兩聲，調侃道：「對呀，老屋真好，天知道隔天早上起來，又有什麼壞掉了？」

近來，在台灣翻修老屋蔚為風潮，但打打算盤，就知道翻修老屋費工花錢耗時，維修保養不易，夏天電費更是驚人，怎麼樣算都不是好生意。

話雖如此，還是有很多人前仆後繼，不斷犯傻，眼巴巴跪在地上刷地板，修屋瓦，磨窗框，電線重拉，水管全部換掉，只為了讓老屋的窗櫺重新透出昏黃的燈光，飄出咖啡香。

這種傻氣，說穿了就是癡情。

英國作家**L. P. Hartley**曾說：「過去，是一個異國，他們行事作風很不一樣。」老屋是我們得以拜訪那個國度的時光機器。

老空間是凝結的光陰，具象的歷史。沒有一分浪漫，兩分傻氣，三分衝動，要將老屋從破敗中喚醒，談何容易？多虧這些有志讓老屋重生的傻子，手拿著木工具，心中懷著夢想，將過去和現在做聯結，重現五十年前、乃至一百年前的生活樣貌，填補常民歷史的缺角，維繫地方回憶。

希望《台灣老屋散策：穿街走巷人文慢旅》這本書，能伴隨大家走遍全台灣，在老屋中進行時空旅行。

《一個旅人，16張餐桌》、《在異國餐桌上旅行》作者

推薦序

旅人之眼

張薇君

建築是生活的容器，也是常民文化的具體展現，而於台灣各地蓬勃發展的老屋新力運動，則是經濟發展過頭之後，人心的回歸與價值的重建，翻閱這本書籍就如乘坐著時光機器，讓渴望寧靜的心靈得以返祖歸宗。

從這本深度老屋故事中，我們看到了新一代的文化創意。老屋不只是有形的建築，它還能形塑社區的永續發展、創造文化及生命的傳承。諸多老屋之中，作為獨立書店的經營場所是我個人最為激賞的作法，獨立書店的重要性與老屋欣力的理想性有著完美的雙螺旋結合，它們想守護的都是獨立不從眾、浪漫又珍貴的事物。

以書中雲林的虎尾厝沙龍為例，這棟在一九四〇年興建的和洋式住宅，於二〇一一年搖身一變「獨立冊店」，以「生態、性別、另類全球化」為明確主軸，策畫多元的藝文沙龍與主題書展。而經營者竟是前立委王麗萍小姐，回歸原鄉的遊子在政府著墨最少的面向上，於故鄉開出一朵朵動人的人文之花，燦麗如炫，熠熠生輝。

這本書的作者，是一位擁有獨特眼睛的旅者，她在光輝之中找尋黯黑，也在黑暗之中得見光影。從書中的影像，我們見識到攝影者獨具匠心的取景，不單從建築的記錄切入，也攝入了人在屋中、屋在人中的精彩截面。光影在玩弄，旅人在修心，我們隨著攝影旅行家走入了一幢幢的老屋建築，傾聽了一則則的老靈魂故事，於是有一天，我們也成了老屋的一處風景，短暫又永恆。

林森醫院復健科醫師、七七讀書會第23屆會長

化身老屋偵探福爾摩斯

鄧志忠

瑟縮在城市間的角落，老房子有意無意、陰錯陽差地留了下來，背後總有一段「落落長」的故事，或許它們是幸運的一群，被張倫一一地找出來，我相信礙於書的篇幅，也只能跟讀者分享這麼多了。

書中介紹的老屋主角，年紀最大的有將近一百八十年悠久歷史，跨越滿清、日治與國民政府來台的政權更迭，忠實地留下當時的歷史印記，然而在時間的推向之下，逐漸讓世人遺忘，這些老屋不但是許多家族的資產，抑或是人們的童年回憶，幸賴有心人士重視賦予這些老屋子新的生命，除了免於拆除的命運，化身為餐廳、書店、藝文空間……，更間接圓了許多年輕創業者的夢想。

張倫和我是國中同窗，外表沉靜的她擁有一顆纖細的心，總有對凡人以外的事物觀察入微的天賦，從她眼中看出的角度，透過相機的呈現，每每讓人驚豔不已，這一回她化身成為老屋偵探，走訪全台各地的老屋子，相信她也同時感受到了這些老台灣的生活記憶，與台灣庶民文化之美。

拿到初稿時，我正在海上航行，伴著粼粼波光與徐徐海風，仔細品味書中的文字與照片，或許你和我一樣，翻完了這本書後，會有立刻靠岸的衝動，也想按圖索驥拜訪書中的每座老房子吧！

鐵道作家、海軍艦長

｛北部｝

台北【大稻埕】保安捌肆

台北【赤峰街】Modern Mode & Modern Mode Café、二條通・綠島小夜曲

台北【牯嶺街】小路上。藝文空間、紀州庵文學森林

台北【康青龍街區】青田七六

桃園【大溪老街】源古本舖

新竹【城隍廟周邊】江山藝改所

台北・大稻埕

小藝埕

大稻埕有六棟傳統街屋由世代群團隊協助產業進駐，如衆藝埕、民藝埕、小藝埕等，為老屋注入新興藝文活力。

台北市大同區迪化街一段32巷1號

02-2552-1321

星巴克保安門市

號稱全台最華麗的星巴克門市，山牆上獨特的鳳梨泥塑，記錄葉金塗於1920年代從事鳳梨貿易致富的傳奇。

台北市大同區保安街11號

02-2557-8493

仁安醫院

全台第一棟完整保存，由柯氏家族捐贈的醫生館，除了展示歷史特色醫療文物，也負起社區營造中心的功能。

台北市大同區延平北路二段237號

02-2557-5679

從清領到日治時期，大稻埕的茶葉、南北貨和中藥交易熱絡，造就台灣第一貿易大港的地位，也留下各個時期街屋形式：清朝前期閩南式、清朝後期洋樓式、日治前期仿巴洛克式、日治中期現代主義式等，宛如以百年街屋為主題的街道博物館。

近年來隨著台北金融重心東移，許多文創業者著迷於這裡的古意氛圍，多選擇在迪化街一段、民權西路、重慶北路、南京西路環繞起來的街區內落腳，和老店、古蹟當鄰居。

交通資訊

・捷運：大橋頭站1號出口。
・公車：蘆洲、台北車站方向：255、274。三重、市政府方向：669、209。

散步方式

步行、單車。

慈聖宮小吃攤

清同治5年興建的慈聖宮俗稱大稻埕媽祖宮，廟前有衆多老字號美食，在榕樹下用餐有傳統辦桌的熱鬧氣氛。

台北市大同區保安街49巷17號

無

陳天來故居

從迪化街往西走，可觀賞昔時富甲一方的大稻埕商賈在淡水河邊留下的奢華宅邸，如陳天來故居、大稻埕辜宅。

台北市大同區貴德街73號

無

蛙・灶咖

以環島圓夢闖出名號的蛙大，進駐迪化街南端的閩南二進式布莊古厝，賣咖啡餐飲也賣自行開發的文創商品。

台北市大同區迪化街一段13號

02-2555-2125

特色老屋

保安捌肆

←保安捌肆的前身為順天外科醫院，擁有仿巴洛克式洗石子外牆、四柱三窗等大稻埕街屋的經典元素。

日治時期，保安街成為全台北人口密度最高的街區，為因應芸芸眾生的醫療需求，許多私人診所、藥房紛紛開設，「醫生街」的稱號從此不脛而走，在台灣西方醫藥產業的演進史上佔有一席之地。

矗立於保安街的「順天外科醫院」，華麗貴氣的外觀令人眼睛為之一亮，優美的典雅希臘柱式、精雕細琢的仿巴洛克圖樣、經典的四柱三窗結構，在在顯示原屋主身家雄厚的背景，這位來頭不小的主人即是台灣首位完成西方醫學教育的原住民醫師謝唐山。

西元一九四九年，順天外科醫院遷至現址，由謝醫師的第二代接手執業，一樓分設看診區、手術室、病房等，二、三樓則是住家。但根據老鄰居的回憶，數十年後的某一天醫院大門忽然深

↓室內一、二層樓打通，視覺上挑高通透，全棟建物開放大眾自由入內參觀。

為營造無障礙空間，整修時於天井加裝電梯。

二樓規劃為台灣各地文創商品的展售平台。

鎖，謝家後代跟著消失無蹤，幾年來房子產權也幾經易主。

時空變異，人事俱杳，唯有老屋依舊挺立，不知道過了多少年，才由現任屋主買下積極修復。由於曾歷經多次改建，加上許多結構已不堪使用，建築師林雅萍與何黛雯考量，老屋重生的重點不只在復舊，更在地方人文的脈絡、與周圍居民的互動，於是決定以轉化的方式讓老屋與在地重新產生連結。

歷經七年努力，如今順天外科醫院外牆立面保留完整，窗花、欄杆等細節一如原貌，就連窗戶特殊的上下開啟方式也相同，並刻意保留二樓牆壁難得一見的小口馬賽克磁磚和閣樓的原始磚牆。為加入現代化的使用機能，一、二樓打通成為挑高通透的餐飲區，天井加裝電梯打造無障礙空間，三

除了咖啡餐飲、藝文展演，保安捌肆也推出創業者計畫，歡迎大家共享老屋空間。

樓則設置成階梯式的演出舞台。

保安捌肆於二〇一三年承租進駐後，以咖啡和藝文展演為經營重點，推開大門，瀰漫其中的咖啡香飄蕩著時光韻味，悠悠晃晃，空間設計不刻意復舊卻又能喚起復古氛圍，優雅調和新舊交融的風貌。

整修老屋除了得面對歲月淘洗下的老舊、改建等難題，還須加入符合現代生活的空間功能。我相信，老屋是活生生的有機體，它不該只是停下腳步收藏過去的記憶，也可以繼續創造更多故事，留予後人傳說。

↑小閣樓保留原始磚牆痕跡。
←常態展示昔時看診用具，紀念曾為外科醫院的歷史。

保安捌肆

◎咖啡、輕食、藝文展演
台北市大同區保安街84號
02-2552-1280
11:00-19:30（無公休）
FB搜尋保安捌肆

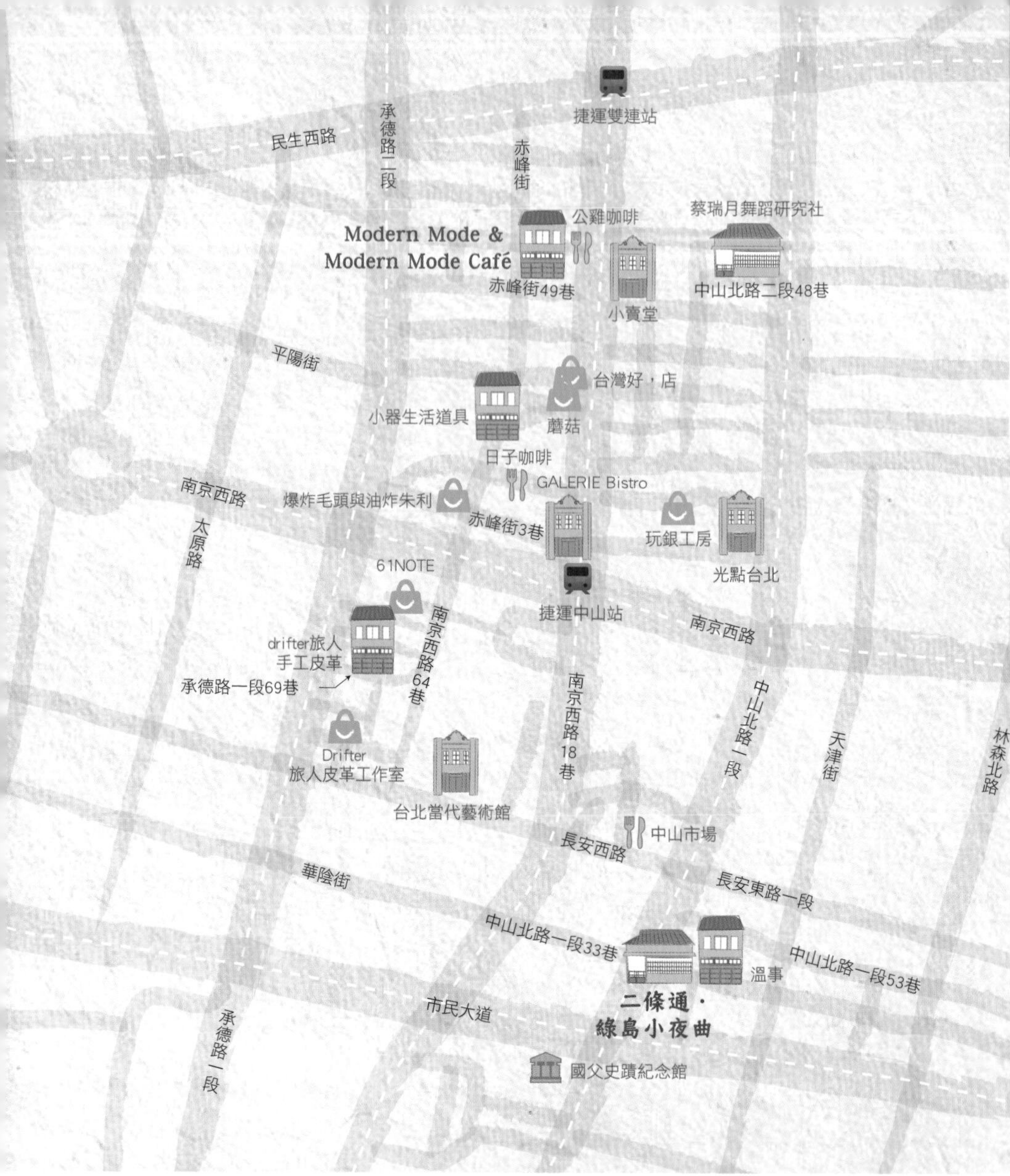

蔡瑞月舞蹈研究社

木造日式文官宿舍搖身一變成為台灣舞蹈搖籃，在此展示與舞蹈先驅蔡瑞月有關的珍貴史料並大力推廣舞蹈活動。

台北市中山區中山北路二段48巷10號

02-2523-7547

台灣好，店

小店以公平交易的方式，銷售偏遠地區與部落居民的工藝創作，回饋地方產業的同時也讓各地美好文化被看見。

台北市中山區南京西路25巷18-2號

02-2558-2616

GALERIE Bistro

後殖民時代建築風情的白色花園洋房，由屋主的曾祖父在80年前購入，如今成為優雅舒適的歐風料理餐廳。

台北市中山區南京西路25巷2號

02-2558-0096

和台北捷運雙連站、中山站比鄰的赤峰街，巷弄內保有相當密集的兩層樓和洋風建築，曾經成為聚集汽車材料店、拆船貨、五金行等黑手行業的「打鐵街」。後來隨著金屬零件產業沒落，年輕人進駐創業，一間間特色咖啡店、文創小店興起，此區風貌逐漸改變。赤峰街鄰近的中山北路、南京西路一帶也有一些具有歷史的人文景點與個性店家。

交通資訊

・捷運：在捷運雙連站或中山站下車，一旁即是赤峰街商圈。

・公車：搭乘棕9、12、52、266、282、292、306、613、622、638，於「捷運中山站」下車。

散步方式

步行、單車。

溫事

街角一棟精緻小巧的老屋，就是溫事的家，這裡有兼具溫暖與質感的生活器物，是來自各地創作者的心血。

台北市中山區中山北路一段33巷6號

02-2521-6917

台北當代藝術館

前身是日治時代的建成小學校，也曾於民國34年時作為台北市政府所在地，今規劃為以當代藝術為主題的美術館。

台北市大同區長安西路39號

02-2552-3721

光點台北

典雅簡麗的兩層樓白色洋房建於1926年，原為美國大使館官邸，2002年活化為電影藝術藝文沙龍。

台北市中山區中山北路二段18號

02-2511-7786*400

↑店內時光悠緩安靜，吸引許多藝文和設計工作者的造訪。

特色老屋

Modern Mode & Modern Mode Café

第一次走進赤峰街就感覺驚豔，巷弄裡，兩旁盡是一整列七十幾年的兩層樓老洋房，鐵花窗和小磁磚樣式樸拙古意，典雅的小露台上演著南法般的浪漫情調。我走進一家流瀉出爵士音符的老屋咖啡店，想要延續這身處舊時代的美好幻覺，意外地對赤峰街的歷史有了更多認識。

這間咖啡店是第一家誕生於赤峰街的風格小店，兩位老闆向上和鍾瑤看似年輕，身體裡卻住著老靈魂，對老房子特別有感情。向上說，這邊的房子大約建於光復前後，擁有七十幾年歷史，屋主經濟狀況大多不錯，才有條件與建這樣精緻講究的洋房，早期以單純住家為主，後來汽車材料、五金零件等行業陸續開設，漸漸打響「打鐵街」的名號。

這幾年來由於產業型態轉

↑向上和鍾瑤（由左至右）深愛老屋的檜木門、小磁磚、鐵花窗、磨石子地等設計元素。

移，打鐵街的盛況不再，於是向上和鍾瑤順利租下現在這間老屋。向上回憶，當初清理天花板水泥剝落的過程，簡直是一場可怕的噩夢，但是幫檜木門窗磨出木紋時，那股充盈內外的原木香氣，又讓他們感覺幸福無比。

↑角落沙發讓人想起美國影集《六人行》裡好友相聚隨性歡樂的氣息。

↑隔間牆上的「公雞啄米圖」，寓意「起家厝」的精神、流露常民對生活的期盼。
↘骨董罩燈的光暈投射在小包廂裡，營造一方隱密放鬆的私人空間。

鍾瑤說，整修過程中最驚喜的莫過於重現隔間牆上的「公雞啄米圖」，連房東都忍不住驚嘆：「好久沒看到它了！」她認為這幅圖表達原屋主對於「起家厝」的殷切期待，是整間房子裡最有感情的物件。

向上是一位喜愛蒐藏老東西的飾品設計師，店裡的經典家具、歐美老件即來自他的四處蒐羅。他十分擅長拆解骨董原件再融入現代飾品設計中，創造出自有品牌「Modern Mode」。

鍾瑤則負責定調咖啡店的風格

型態，曾遠赴法國擔任模特兒的的生活經驗帶給她許多靈感，她說：「法國人把喝咖啡當作一個『break time』，他們可以坐在陽光下或吧檯邊，拿杯咖啡無所事事，理所當然地享受當下，這就是他們的文化。」因此鍾瑤重現戶外座、吧檯，藉以呈現歐式咖啡館的悠閒情調。

這一帶的居民幾乎都住了數十年，還保有敦親睦鄰的美好風俗，老鄰居常來捧場喝杯咖啡或聊聊天，時空流轉下，不變的是溫暖的生活感，日復一日加深他們對赤峰街的眷戀。

↖店主鍾瑤、向上、吧檯手妹妹鍾禾（由前至後），年輕靈魂為老屋寫下新故事。
←Modern Mode飾品結合歐美老件和現代素材，風格華麗富有個性。

Modern Mode & Modern Mode Café

◎咖啡、輕食、飾品服飾、骨董家具、藝文展演

台北市大同區赤峰街49巷11號

02-2555-1020

12:00-21:30（週一休）

FB搜尋Modern Mode & Modern Mode Café

↑←由大正年間木造民宅改造而成的咖啡店，跂坐街口引領旅人探訪二條通。

特色老屋

二條通・綠島小夜曲

天色漸暗，這時中山北路的東側街道才要真正醒來。小巷裡燈火一盞接著一盞撚亮，居酒屋、咖啡店、以及卡拉OK……，從日本時代開始的笙歌鼎沸似乎未曾稍歇。

大正年間，中山北路以東、新生北路以西、南京東路以南、市民大道以北範圍內的十條巷道被規劃為公務宿舍，有「十條通」之稱，時至今日，仍有許多日本遊客喜愛前往訪舊懷古，大量具有東洋風味的夜間消費場所便應運而生。

地處邊陲的二條通，在一

片喧鬧中顯得特別僻靜。這裡有棟大正十四年（西元一九二五年）興建的日式兩層樓小木屋，原本屬於日本攝影師佐佐木二郎的住家，當時他在附近路口開設相館為業。日本戰敗後，佐佐木跟隨日本政府遣返的腳步離開，小屋被國民政府接收成為警政宿舍，爾後漸漸荒廢。隨著時間日復一日地往前走，小屋卻年復一年被淹沒在歷史洪流中。

二〇〇九年某一天，有位建築師經過這條小巷子時看見招標訊息，他想到自己的事務所租約剛好到期，於是輾轉取得產權進行改造。這位建築師就是曾經參與花蓮林田山古蹟修復工程的鍾永男先生，擁有老屋修復的經驗與專業，小屋終於等到了最適合它的有緣人。

由於辦公室只需要使用到一層樓的空間，愛喝咖啡的鍾永男便將一樓規劃為咖啡店，二樓事務所開放客人自由參觀，並將經典老歌〈綠島小夜曲〉融入店名，代表自己所深愛的台灣是一塊綠色寶島。

如今在二條通．綠島小夜曲裡，客

←天井處加裝玻璃，在維持透光的條件下增加室內使用面積。
↓配合原建築木頭樑柱，店內設計以棕色為主色調。
↙二樓是建築師事務所，也歡迎客人上樓參觀美麗的日式桁架結構。

↑ 從木柵間隙可看見保留下來的竹編灰泥牆。

人可以邊享用咖啡邊欣賞日式常民住宅的建築特色、修舊如舊的和式屋桁架、竹編灰泥牆和日式短屋簷等。整體室內空間採用的棕色主調，也來自老屋原木質感的延伸，和諧共構日式懷舊氛圍。

全手沖的黑白攝影作品是這裡定番上演的人文風景，呼應原屋主攝影師的身分，也串連起不同時代的生活記憶。每逢週五晚上，Live Band在天井區奏起各種風格的樂曲，靜謐的咖啡店瞬間變得熱鬧萬分。透過不同角度的詮釋，老屋呈現新舊並存、動靜皆宜的面貌，在歷史長流裡又一次華麗的轉身。

二條通・綠島小夜曲

咖啡、輕食、攝影展覽
台北市中山區中山北路1段33巷1號
02-2531-4594
12:00-21:30（無休）
FB搜尋二條通・綠島小夜曲

← 全手沖黑白攝影作品是這裡固定的展覽主題。

台北・牯嶺街

南海藝廊

國立台北教育大學閒置多年的校長宿舍改建成藝術空間，與在地居民、牯嶺街小劇場合辦的書香創意市集廣受好評。

台北市中正區重慶南路二段19巷3號

02-2392-5080

牯嶺街小劇場

1906年落成，歷經日本憲兵分隊所、警察局的角色，在今日成為推動實驗性前衛劇場表演的再生空間。

台北市中正區牯嶺街5巷2號

02-2391-9393

國立台灣博物館南門園區

1899年創建的南門工場曾是樟腦和鴉片的生產地，2013年以藝文園區的面貌再生，並有樟腦產業常設展。

台北市中正區南昌路一段1號

02-2397-3666

牯嶺街遠從清領末年就已開闢，日治時期成為高階文官宿舍區，日本戰敗後，又以日人遭遣返下廉售的文物字畫興起成為著名的舊書街，國民政府來台後，規模更擴及福州街、廈門街、南海路等鄰近街區。

如今雖僅存少數幾間舊書店、郵幣社，供遊人懷想昔時盛況，近年興起的牯嶺街書香創意市集、城南藝事等富有創意的在地藝文活動，仍讓人對此區的文化活力充滿樂觀的期待。

交通資訊

・捷運：中正紀念堂捷運站3號出口步行5分鐘可抵牯嶺街。

・公車：1路公車可直達牯嶺街小劇場站。5、38、204、227、235、295、304、630、0東、中正幹線，至南昌路站下車可步行前往。

散步方式

步行、單車。

香色

歐洲鄉村風格庭園、木質門柱流露古色古香的老宅氣息，結合台灣食材與西式料理手法的原創餐點同樣令人驚豔。

台北市中正區湖口街1-2號

02-2358-1819

野草居食屋

80歲老木屋見證過日治時遊客宴飲的繁華、光復後文人埋首研究的身影，在此享用料理同時也嚐遍了歷史記憶。

台北市中正區同安街28巷1號

02-2366-0618

暗角咖啡

低調藏身在寂靜衢巷間的老屋咖啡，營業至凌晨四點、平易近人的店家風格，讓城市夜貓子有如同回到家的溫暖。

台北市中正區廈門街1號

02-2351-9907

特色老屋

小路上。藝文空間

↑小路上。藝文空間寓居於六十多歲的三層樓民宅，臨街面灰色洗石子牆嵌以六面大窗，外觀平易近人卻風格別具。

←建築物入口處是由老木窗、木棧板構築而成的長廊。

走出古亭捷運站，穿過小菜場此起彼落的吆喝叫賣聲，眼前一片豁然開朗，雖然還踏在一條小小的巷道上，那些喧鬧擁擠卻已完全拋之腦後。三年前，兩位女生安婕和小毛就是被這樣對比強烈的空間氛圍吸引而來，在這裡開設了「小路上。藝文空間」。

小毛曾赴英國進修戲劇治療，在大型醫院擁有十幾年臨床經驗，對於藝術展演懷抱極大熱情，和曾任職知名報章雜誌美編、開過老屋改造餐廳的安婕相識後一拍即合，就此展開藝文空間的計畫。

她們說，三年前來看房子時，這裡已經久無人居，根本是一片廢墟，但因為深受老房子特有的面貌吸引，諸如挑高空間、洗石子牆、大片門窗、磨石子地和獨立庭園等，於是滿心期待地承租下來。

↑↗常有各種別開生面的講座、活動，每次都會發售設計別致的點數門票，可抵用活動、飲品，有些客人會特地收藏。
↘陳設許多經典玩具、文創商品、設計書籍雜誌，帶給客人不期而遇的驚喜。

之後，她們自嘲「用很『假會』、很費工夫但人家卻看不出來到底錢花在哪裡的方式整修房子」，例如請師傅把所有柱子的直角磨成小圓弧、為重現地板的磨石子風采清除重重黏貼的塑膠面磚，甚至光是清理堆積建築廢材、雜草叢生的庭院就花掉了整整半年。

她們認為，改造老屋並不難，難的是如何留下舊的東西，那些當初深受吸引的元素。像是進行戲劇

↑鐵件藝術家許廷瑞的摺紙作品以一整片無接縫的鐵片創作完成，在後院長期保存展示。

創作而需要良好隔音的二樓工作室就直接從內部封裝整片玻璃，三樓展演空間以移動式的活動展牆代替牆面，這些做法都是為了不破壞原本美麗的木門木窗。

如今走進小路上，處處可見安婕發揮美編本色，空間結構、桌椅、器物，被她視之為書籍設計裡的大標、副標、引言般地調配安放，錯落有致，不因循既定的設計派別而自成一家風格。

聊到小路上的經營，小毛認為開店最有趣的部分在於認識很多熱情執著的藝文工作者，像是來自峇厘島的農夫曾在後院辦畫展、摔角協會在三樓舉辦擂台講座、獨立樂團結合書法創作的跨界演出……許多我覺得聽起來趣味十足又超出想像的藝文活動，都在這裡發生了。

和這兩位想法獨特又有趣的女生聊著聊著，我開始在盤算下次什麼時候要再來拜訪小路上了。

↑室內空間處處可見經營者的美學巧思，獨創灌水泥面鑄鐵桌，搭配以形式各異的各色座椅。

小路上。藝文空間

藝文展演、戲劇創作
台北市羅斯福路二段77巷7號
02-2363-7768
9:00-22:00（週一休）
FB搜尋小路上藝文空間

↑紀州庵古蹟離館曾有嚴重漏水、樑柱腐蝕等問題，二〇一三年展開修復工程，隔年竣工。

特色老屋

紀州庵文學森林

近百年前的大正六年，來自日本的平松德松在川端町，也就是今日的同安街鄰近新店溪河畔一帶，開設紀州庵料理屋支店。初期餐廳為一棟二層木構茅草屋頂建築，二樓以數座木橋與土堤相連，十年後擴大營業規模，改建本館、加建別館、離館和庭園。

當時除了餐飲本業，還提供船舶網具的出租與河畔泳池的設施，客人不但可以乘船快意地撈捕河鮮，也能召請藝妓在船上提供歌舞服務，一時之間吸引許多喜愛水岸風光的文人雅士來此尋歡作樂。

太平洋戰爭爆發後，紀州庵隨之歇業，平松家族遷返日本原鄉。紀州庵先是成為安置戰爭傷患之處，國民政府來台後又轉為台灣省政府的員工宿舍。豈料，在戰火中未受殃及的紀州庵，到了一九九〇年代本館與別館建築竟陸續毀於祝融，如今只有離館倖存，予人追思昔日河畔酒旗飄揚、河上舟燈點點的熱鬧景象。

閒閒坐在離館的緣廊，我不禁揣想，老屋是否還能記憶日本時代紀州庵那夜夜笙歌、冶遊宴樂的繁華？是否看見了之後那些因為戰爭受傷的人們

↑除了作家王文興成長於此，詩人余光中、兩家文學出版社爾雅、洪範也曾寓居不遠處的廈門街。
↘內嵌竹管的扇形窗。
↓長形離館曾為宴會廳，南北長、東西窄，以拉門區隔室內空間。

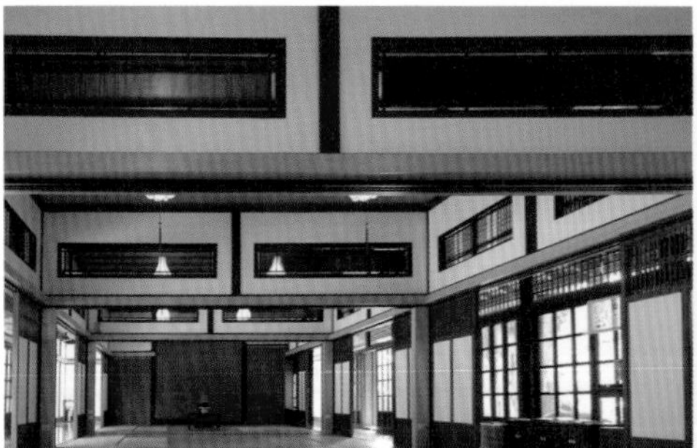

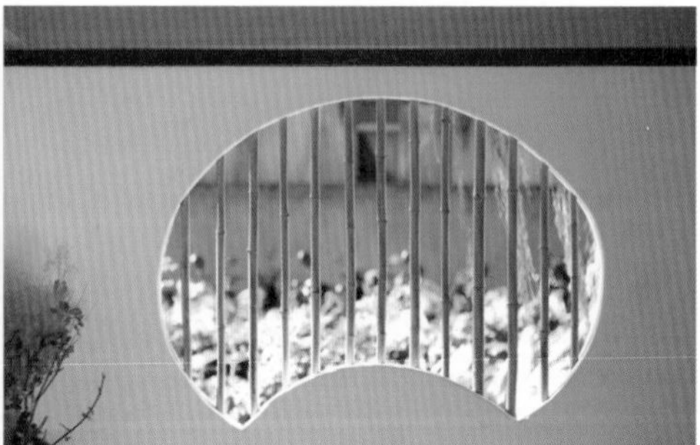

↑午後陽光在迴廊留下美麗光影。

眼裡的恐懼驚惶？當日本官民戰敗遣返，又一批來自海上的新統治者入住，家家戶戶升起炊煙、隔起圍籬，過上太平小日子時，它也會有世事無常、須臾變異的慨嘆嗎？

當一位從小在這裡成長的文學青年，用前衛的寫作手法將這裡化為小說《家變》的創作舞台而震驚文壇時，它曾感覺驚奇嗎？到後來一九九〇年代的兩場大火奪走它的兩個同伴、政府為闢建停車場差點剷除周邊老樹，繼之以在地居民的護樹陳情、台大城鄉所的勘查研究，為紀州庵重新定位，竟戲劇化地將這裡轉變成台北第一個以文學為主題的藝文空間時，把這一切看在眼裡的老屋，至此，應該頗感欣慰吧？

猶如日本時代風光一時的盛況，紀州庵也在今日再度受到人們垂青，當昔時的日式料理、河畔冶遊、藝伎歌舞，變成了作家私房菜、散步品茗和人文講座，老屋啊老屋，依舊以百年前的風雅笑看人間繁忙。

↖紀州庵旁的城南文學公園裡有十株被列為台北市受保護的老樹。
←↓新館規劃為展覽區、書店、茶館、講堂、戶外露台等使用空間。

紀州庵文學森林

餐飲、書籍、參觀導覽、藝文活動

台北市中正區同安街107號

02-2368-7577

10:00-17:00（週一休）

http://kishuan.org.tw/

台北・康青龍街區

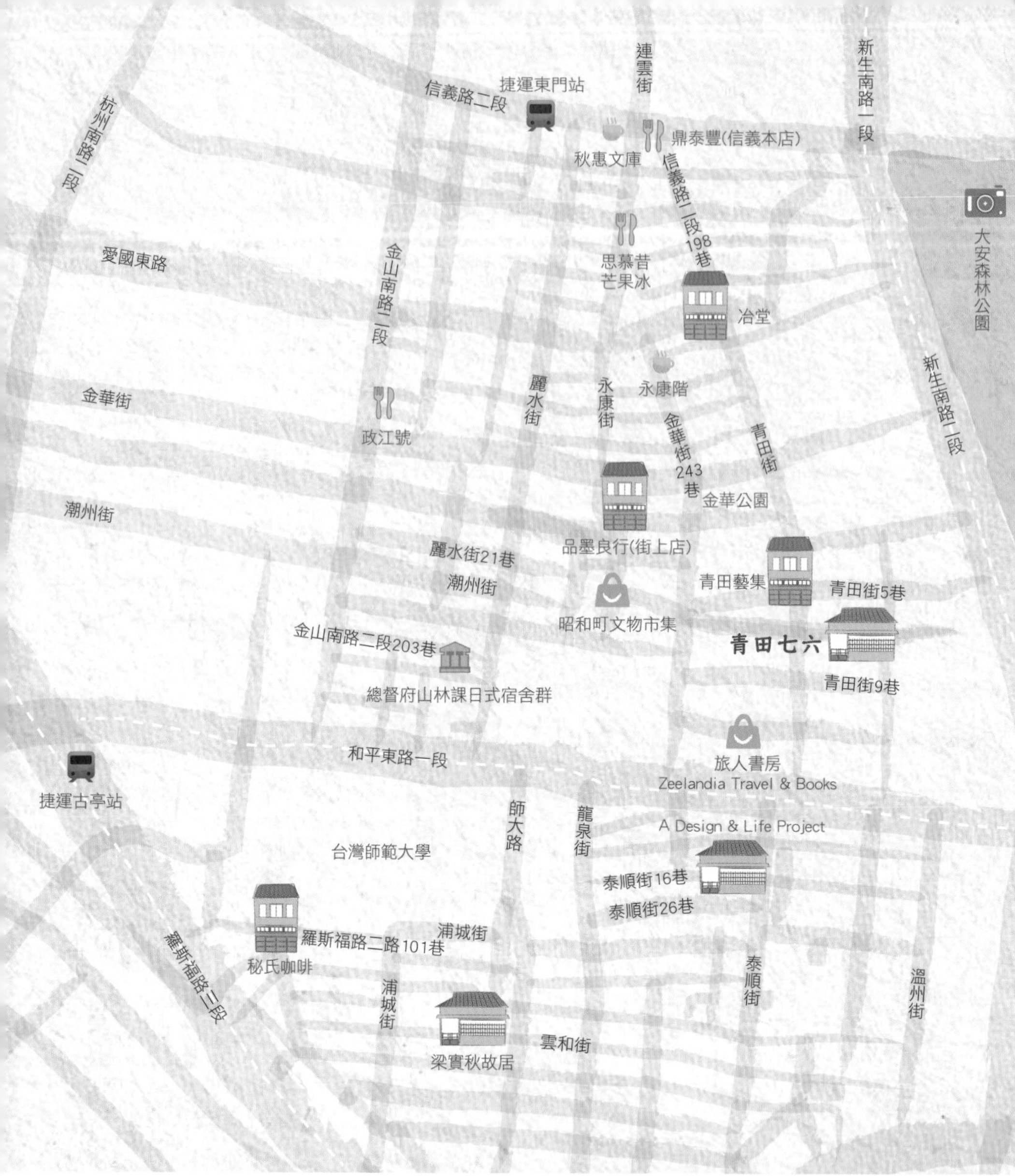

品墨良行

永康街上難以錯過的氣質小店，有自家設計富有質感的筆記本、紙製品，也推出精選雜貨如陶器、皮件、文具。

台北市大安區永康街63號

02-2358-4670

政江號

康青龍的天王級美食不是只有芒果冰、鼎泰豐，政江號的湯圓和甜不辣同樣是擄獲饕客味蕾的經典小吃。

台北市大安區金山南路2段109號

02-2395-2109

冶堂

原為金融貴族的老闆放棄高薪從事茶文化研究，為每一位訪客親手奉茶，讓人從生活中體悟茶道的精神。

台北市大安區永康街31巷20-2號1樓

02-3393-8988

康青龍街區主要由永康街、青田街、龍泉街構築而成，還涵蓋了信義路二段、金山南路二段、麗水街和金華街等範圍內的巷道。

這裡不但能夠欣賞到一些日治時期高級宿舍的舊日風華，也有許多咖啡茶館、雜貨小店、古玩畫廊等在綠樹成蔭的巷弄間一路鋪展開來，慢速恬靜的生活情懷，使這一帶成為都市空間裡最富韻味的人文座標。

交通資訊

・捷運：捷運東門站5號出口即可接永康街。

・公車：搭乘0南、0東、20、22、38、204、1503、信義幹線等可抵捷運東門站。

散步方式

步行、單車。

A Design & Life Project

彎進僻巷，赫然出現獨棟和式小木屋，有歐美復古風選物雜貨可逛、有甜點咖啡可品嘗，像是給旅人的驚喜。

台北市大安區泰順街16巷4號

02-2365-1638

總督府山林課宿舍群

建於大正時期，山林課成立營林共濟組合購置員工宿舍。內有80多歲珍貴的保育類冰河孑遺植物「台灣油杉」。

台北市大安區金山南路二段203巷

無

昭和町文物市集

昭和町是這一區日治時代地名，這裡古書、玩具、茶壺、絕版海報等應有盡有，像是藏著許多老玩意的祕密基地。

台北市大安區永康街60號

0912-004-833

↑青田七六是享譽世界的地質學家馬廷英博士的故居，入口車寄（註）與西式木窗構成老屋外觀的優雅意象。

特色老屋

青田七六

青田七六如今已是遊人如織的知名老屋改造餐廳，每到用餐時分往往一位難求，許多訪客讚嘆、欣羨著這裡屋宇的華美溫馨、庭院的青翠怡人，但如同作家亮軒所言：「很多人來到青田七六，卻沒有真

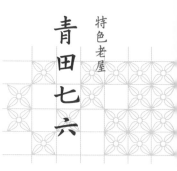

↑二〇一〇年黃金種子進駐經營，亮軒老師的講座總吸引許多民眾前來聆聽青田七六的愛恨情仇、悲歡離合。

正了解青田七六。」

本名馬國光的亮軒，是青田七六第二任主人、蜚聲國際的地質學家馬廷英博士之子，五歲那年從松山機場一路乘坐吉普車來到這裡，直到成年結婚離開，透過他的生動描述，青田七六許多已經看不見的部分，又鮮明地活了過來。

這一切源於日治昭和時期，一群台北帝國大學（註）的日籍教授來台任職合資興建宿舍，當時日本教授薪資優渥又喜愛西方時尚，因此這些宿舍獨特雅緻，多具有和洋相融的風情，不同於一般常見的傳統日式房舍。

其中位於青田街七巷六號的這處院落，由日本農學博士足立仁操刀設計，受到曾留學歐美的影響，大量採用西方建築房語彙。像是屬於重要空間的應接室（客廳）、食堂（餐廳）、書齋，皆是檜木地板和石膏天花板的歐洲形式，只有座敷（主臥）、次間（小孩房）、女

↑向南的廣緣（註）寬達一百八十公分，並在屋外廣植高聳樹木防止陽光直射屋內。
→每個房間均以木牌標示出原始的空間用途。

中房（佣人房）是榻榻米地板的和室空間。

前院的長形花壇、後院的花房（陽光室），突顯出足立教授農學專家的背景，花房後原有一座游泳池則是足立為了體弱多病的長子而設置。

既然樣式上務必盡善盡美，建材上當然也追求最高水準，全屋結構與細部皆以台灣最優良的木料——紅檜所構築榫接而成，可見足立教授來台時的確有成家立業、世代傳承的打算，才會費心建造這樣一棟氣派華麗的屋宇。世事難料，一九四四年足立回日本出差，之後竟因日本戰敗沒再回來過，隔年來台接收台北帝國大學的馬廷英博士成了新任屋主。

亮軒回憶，戰後歲月民窮財盡，擔任台大地質系主任的父親薪資微薄，加上姑姑一家

↖↑大部分空間規畫作為餐飲座位使用。
↙應接室的對開門設計一大一小，主人恭候在較小的門扇後，讓來客從寬敞的另一邊進來。

前來依附，渾身上下每個細胞都是學者而不懂算計的父親，要餵飽嗷嗷眾口已經很不容易，根本沒有餘力多做整建，房屋因此保持原始結構。雖然家人遷出荒頹了一段時日，幸而黃金種子團隊進駐後修葺復原，就連足立教授的長子元彥先生回來探視時，也驚嘆幾乎

↑原為花房的餐飲空間，磨石地面以天然石材鑲嵌構成菱形的白格子線。

↖牆上的白瓷磚和水管孔暗示這裡曾有一間浴室，留學日本的馬廷英也把泡澡的喜好帶了回來。

一切都跟兒時一模一樣。

在亮軒的介紹下，昔日種種立時化為動人的影像，活生生地在房子的各個角落上演：學者馬廷英在書房用打字機寫論文劈劈啪啪埋首研究的身影、父子倆深夜時在客廳同吃水果的祕密溫情、和表弟妹在寬闊長廊上克難溜冰的天真笑鬧、被時代捉弄的姑丈如同幽靈般地四處遊蕩……

青田七六的意義不僅止於一棟八十多歲的老房子，或一位作家的成長回憶，這裡還呈現了一個近代史的縮影：建造屋主足立仁是日本首相鈴木貫太郎的女婿；繼任屋主馬廷英發表許多影響世界重要研究的地質學論文；史詩鉅著《巨流河》作家齊邦媛少女時在此借住；書法家于右任、甲骨文大師董作賓、蓬萊米之父磯永吉等數不清的重要人物曾為座上佳賓、咫尺之鄰。這些青田街的過客，每家每戶都擁有說不完的歷史故事，青田七六正是一塊遺下的拼圖，留待後人拼湊這消逝中的大時代篇章。

註

車寄：又稱「雨庇」，建築物入口前的遮蔽亭，使人出入不受天候影響。

台北帝國大學：即今日的台灣大學。

廣緣：緣廊寬度一般為一百二十公分，這裡的廣緣是加寬的緣廊，有一百八十公分寬。

青田七六

- 餐飲、導覽講座、藝文活動
- 台北市大安區青田街7巷6號
- 02-2391-6676、02-8978-7499
- 11:30-21:00（除夕-初一休）
- http://qingtian76.tw/cht/index.php

↑亮軒認為屋頂採用台灣的水泥瓦而非不生青苔的日本瓦，出自於重量較重可以防颱的考量。

大溪藝文之家

園內有英式組砌紅磚造、洋式大木桁屋架的公會堂和日式黑瓦、洗石子牆的蔣公行館，今開放大眾參與藝文活動。

桃園市大溪區普濟街21-3號

03-388-6461

木藝生態博物館壹號館

大溪久以木器製作聞名，早年和平街上木器行、木工坊林立，居民透過社造促成修繕公有館舍，保留展示木藝產業。

桃園市大溪區中正路68號

03-388-8600

大溪橋

橋頭拱門、兩側牌樓呼應大溪老街巴洛克式建築元素，一端連接步道，行走其上大漢溪山光水色盡收眼底。

桃園市大溪區和平路街底

無

大溪古稱「大嵙崁」，清治年間因淡水增開為通商口岸，桃竹苗地區的樟腦、木材、茶葉和稻米均以淡水河上游的大溪為內陸轉運河港，商號洋行百家盛開，蔚為北部商業重鎮。

一九一九年，日本政府在大溪實施市區改正，成就大溪今日深植人心的老街經典樣貌：街屋多設有立面山牆，妝點著動植物、幾何圖形等爭奇鬥豔的圖案，融合了西方巴洛克、日本大正風格與台灣本地特色，今日保存以和平路、中山路和中央路最多，亦有許多老屋改造的藝文咖啡和文創園區添綴其間。

交通資訊

・公車：1.搭台灣好行巴士慈湖線至大溪老街站。2.於桃園市桃園客運總站搭5096線或中壢火車站後站搭5098線至新街尾站。

散步方式

步行、單車。

老阿伯現滷豆干

沒吃到豆干就像沒有來過大溪，50年前老阿伯從中正公園榕樹下路邊攤做起，現滷烏豆干令人回味再三。

桃園市大溪區中正路37號

03-388-3422

倉庫咖啡

隱身於老街一隅，洗石子牆面、木頭門窗不經意透出古樸氣息，品啜咖啡間望天井灑下的日光也是種簡單的幸福。

桃園市大溪區中山路43號

03-387-4385

大溪木藝生態博物館

原1935年建成之武德殿，鋼筋混凝土仿木構造，屋頂有木結構與青銅裝飾，展示大溪兩百年來的木器產業史。

桃園市大溪區普濟路35號

03-388-8600

↑源古本舖擁有兩個門面，立面牌樓分別浮雕「全昌」和「KANG」，「KANG」來自第一代屋主的姓氏「江」。

特色老屋

源古本舖

踏在大漢溪畔由溪石鋪成的石板古道，回望來時河岸，在上個世紀，那兒曾經帆檣簇擁、嘈鬧喧騰，碼頭上萬人攢動，吆喝聲此起彼落，來自台灣北部的山林瑰寶——茶葉、樟腦、木材就從此處裝運上船，乘著滾滾碧波運往沿岸的艋舺、大稻埕，也對外輸出到全世界。

拾級而上一步步踱至和平老街，過了福仁宮，大正時期市區改正留下來的仿巴洛克式街屋以非凡氣勢一路向兩旁排開，為昔時街市之繁華、人煙之阜盛留下歷史鐵證。思古不忘懷今，今天要造訪的是老街上一家把老屋經營得有聲有色，還登上國際舞台的「源古本舖」。

古正君小姐是我環島探訪老屋一年餘遇到第一位真正的老屋後代，她回來經營老屋的過程之戲劇化令人稱嘆。原本年輕時無法忍受老屋欠缺現代化設備、生活處處不便而逃離，北上到廣告公司任職後，適逢台灣發展蓬勃景氣大好，長年往返羈旅歐美各國，走遍了花花世界也看盡了人間風景。

某次在飛行的航機上，偶然翻到一本日本旅遊雜誌報導大溪的推薦景點，看到照片上印痕斑斑的拱門時，她瞬間被電到：「這不是我們家嗎？」沒多細想，就這樣擱在心裡又過了幾年。

之後一次於上海行銷城市的會議中，主辦單位播放的紀錄片

↖餐飲空間「品香私塾」提供餐飲，讓客人得以停留較久，靜心欣賞老屋。
←唯有走進街屋，才能發現隱藏版美景，也才算真正地認識大溪。

↓經營者古正君從一個完全排斥老屋的後代傳人，成為深愛老屋的經營者。

裡，老屋再度現身，她笑說：「這次就像被雷打到，我去幫別人行銷城市，但我自己的老家呢？」繞了地球一圈後，才發現原來世界上最美的地方是家，終於心甘情願踏上回家之路。

身為古家第五代傳人，古正君對於老宅與家族間牽絆連結的歷史知之甚詳，早年先祖古金炎是追隨戲班子四處做生意的攤販，因看好大溪的發展而停駐落腳，向江姓屋主承租店面開設「古裕發糕餅舖」，經營糕餅和南北貨。

由於糕餅在早期婚喪喜慶中扮演不可或缺的角色，加之大溪

桃園·大溪老街

↑源古本舖是大溪老街上唯一完整保留「二崁三落兩過水」（註）建築形式的街屋，珍貴性不言而喻。

→展示的古早文物透露曾經銷批發蔡梅餅、味之素的歷史。

貿易熱絡，各地南北貨商人川流不息，古裕發形同大溪這處集散中心裡的集散中心，「直到今天，老一輩的鄉鄰都還津津樂道：古裕發的桌頭上，永遠有一大盤用來招待客人，熱騰騰、配料澎湃的炒米粉。」

源古本舖在二〇一五年甫獲文化部古蹟歷史建築管理營運獎肯定，很多人都好奇古正君究竟如何辦到的？她大方地分享營運心得：「其實玩真的才能感動人！根本不需要太多

←走過一百八十年的歲月，老屋無處不散發古色古香的清幽雅緻。

添加物，只要原汁原味呈現老屋面貌就可以了。」

因此她在整修中和建築師溝通保留老屋古韻；在經營上提取以往批發南北貨的概念，蒐集、販售各地民藝文創商品；並連結糕餅的節慶特質，逢年過節便舉辦傳統活動供人體驗；以及追溯日治時期製作和菓子的歷史開設茶席，在在展現大家族五代以來自然積蓄、深厚綿長的文化底蘊，不僅成為台灣藝文界大老的口袋名單，也被對岸文化高層列入台灣必訪的觀摩重點。

此外，舉辦「不老職人講堂」延請在地耆老講述生命故事、「駐場藝術家」展現新與藝文魅力，這些活動所引爆跨世代、跨領域的能量激流不容小覷。

一幕幕復古的生活場景，似曾相識的畫面與氛圍喚起每

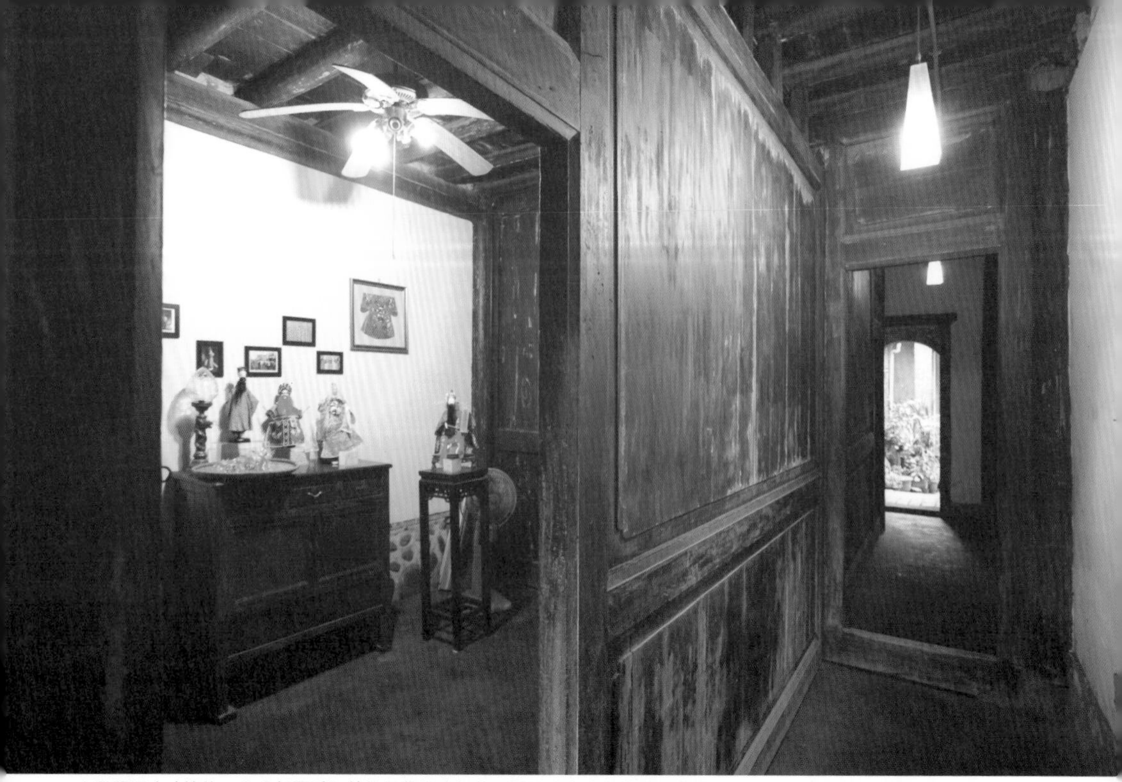

↑登記歷史建築後，向公部門爭取整修經費幾度無著，期盼政府未來規畫配套措施。
↘從燕子磚上鋪排的幾何圖形可看出傳統匠師細膩的砌磚工法。

個人心中對「家」的共鳴，這裡不是緬懷過去生活的老屋樣板，而是一個有著真實「厝味」的地方，在存舊布新之下，傳統智慧與人情味得以延續、傳承，為老屋締造古典與創意並行的新風範。

註

二崁三落兩過水：「崁」就是間，二崁即兩間，也就是兩個門面。「落」就是進，三落即三進。「過水」是進與進之間的走廊。

←源古本舖之品香食塾由黃大目豆干第四代同時也是鄰人的黃瑞真執掌，傳遞在地鮮食美味。

源古本舖

民藝商品、品香食塾、源古茶席（後二者須預約）

桃園市大溪區和平路48-1號

03-388-7385、0922-335-581

週三至週五12:00-18:00、週末假日11:00-19:00

FB搜尋源古本舖

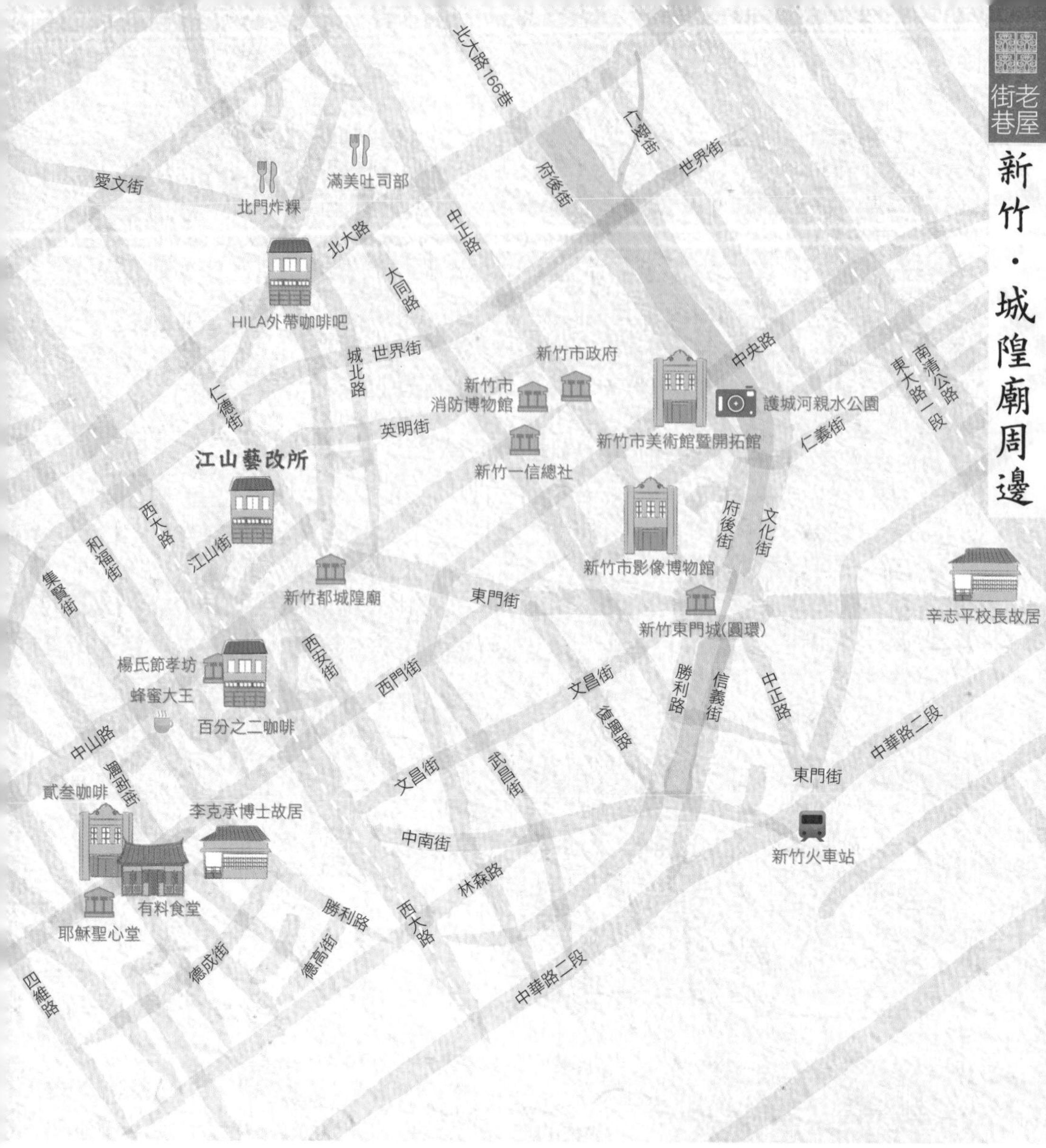

新竹市美術館暨開拓館

二層樓磚造建築，紅磚牆面嵌有多扇長形直窗，上方為仿石材水平飾帶，紅白相間典雅堂皇，內設各種藝術展示。

新竹市東區中央路116號

03-524-7218

新竹市影像博物館

沿襲自建於1933年的有樂館戲院，為機能化的現代建築型式，近年重新開館後推廣電影欣賞與相關文物典藏。

新竹市東區中正路65號

03-528-5840

護城河親水公園

竹塹擁有全台僅存的護城河，俯瞰河面碧波如鏡，人行步道綠意掩映，既是親水的休閒空間也是歷史的文化地標。

東門圓環往文化街方向，從林森路到中央路約六百公尺。

無

古名「竹塹」的新竹開發歷史悠久，時代變遷所留下的空間印記相當耐人尋味。步出新竹市火車站這座台灣最古老的美麗車站，從中正路走到東門圓環，周邊歷史建築密度相當高，有東門城、影博館、美術館、消防博物館、一信總社、新竹州廳等，可輕鬆飽覽清領至日治時期的公共建築風采。

沿中山路往西南來到城隍廟，附近亦坐落許多老屋改造藝文咖啡，老洋房、日本木屋、閩式古厝……何不走進其中感受舊時光的氣息，來場閒適、慢速的古城之旅。

交通資訊

・火車：新竹火車站前方中正路直走→東門圓環往左轉→東門街直走至城隍廟。

・公車：搭乘5、10、1120、23、及28路班車於城隍廟下車。

散步方式

步行、單車。

百分之二咖啡

藏身在楊氏節孝牌坊巷裡石坊老街的老宅咖啡店，總是坐滿了識途文青，二樓臨窗有限定的古早洋房立面風景。

新竹市北區石坊街14號

03-525-4358

耶穌聖心堂

以三座別緻的八角形建築組成，附有中式庭園，是融合中國宮殿風味的天主教堂，即使不是教友也歡迎入內參觀。

新竹市北區西門街165號

03-522-4148

李克承博士故居

李克承是新竹首位醫學博士，黑瓦木造的日式昭和建築兼採現代主義風格，開放後提供餐飲、講座、工作坊等。

新竹市北區勝利路199號

03-522-0352

特色老屋

江山藝改所

聽朋友說起，新竹城隍廟附近有一間別開生面的老屋咖啡，除了是以七、八十年的老豆腐工廠改造而成之外，還常舉辦一些非主流的藝文展演、社會議題講座。這樣的空間在以科技城市著稱的新竹很少見，因此引起我相當大的好奇。

終於等到有一天能夠親自

↑原本的動線設計不符合開放營業需求，整修時特地增開對外大門。
←一進門即是吧檯區，門後方是獨立展演場地。

造訪，搭火車到新竹後，緩步大約十二分鐘即抵達。雖然是隱藏在一條小小的巷弄中，卻沒有想像中難找。午後小小的暗巷裡，有一塊栽種尋常農蔬的小小菜圃，菜圃對面，「江山藝改所」的小小燈箱發出溫柔的黃光。

老闆登堯是一位極富理想的返鄉青年，他說自己的求學過程都在外地甚至國外度過，第一份工作才有機會回來擔任藝術策展，當時驚覺新竹極度缺乏藝文交流的場所，因此萌生開設這類空間的想法。

雖然剛租屋時房子狀況可以用「慘不忍睹」來形容——從前隔間用的粗糙夾板都已破爛損壞，隨便搭建的廁所簡陋不堪，大門還開在只有熟人才會知道的彎曲巷弄，更別說動線上完全不符合對外營業的需求。

↑室內空間一如老房子予人特有的感覺，安靜悠緩而充滿生活況味。
←↓為了讓客人享用別緻的小閣樓，加設上下用的鋼構樓梯。

所幸登堯在整修過程中一一耐心克服了這些難題，還將原本屋頂被包覆的典雅木結構展露出來、加裝樓梯使只有儲存功能的閣樓成為舒適角落，並打造了他夢寐以求的理想展演空間。

詢問登堯為什麼使用這麼特別的店名？登堯打趣地說，當初只覺得地址「江山街」這個名字很有趣，聽起來氣勢磅礡，但其實走起來只有短短兩百公尺；而且第一反應想到「江山易改，本性難移」這句成語，於是改「易」為「藝」，希望透過這個複合式空間的營運，改變人與藝術接觸的方式，以及藉由藝文改變這個城市。

因為本身大學念都市發展的關係，

↑店內的餐飲食材全來自公平貿易和環境友善產品，並盡量選用在地生產的品牌。

↓老闆登堯是相當有心在故鄉推展藝文活動的年輕人。

登堯對於新竹的歷史文化頗有研究。據他所說，新竹從清雍正年間設置淡水廳廳治，長達百餘年為台灣北部政經中心，直到台北設立府城後，其北部最重要城市的地位才被取代；而台灣史上數不清的文化界代表人士，如開台進士鄭用錫、知名詩人林占梅、首位台籍女畫家陳進等皆出身自新竹，足見古城竹塹文風之鼎盛。

根據登堯的觀察，如今大城市的磁吸效應吸引許多藝文人士往台北發展，為了活絡在地文化交流，江山藝改所每周舉辦哲學星期五，討論哲學、反核、性別、文化遺產等公共議題，每個月有二至四場噪音、爵士、電子、搖滾等獨立音樂表演，另外也和各界主題影展合作放映另類電影。近年來，他眼見許多在地文化活動已經漸漸發酵成熟。

老房子空間和非主流藝文「嚓！」碰撞出火花，或許，這朵火花將被新竹無情的九降風吹滅；也可能，這朵火花將點燃古城的藝文能量使之面貌煥然一新，誰知道呢？

↓↘這裡是新竹少有的另類藝文交流場所，許多客人被獨特的老空間氛圍與經營型態吸引而來。

江山藝改所

- 咖啡餐飲、藝文展演
- 新竹市北區江山街17-4號
- 03-526-6456
- 14:00-23:300（週一休）
- FB搜尋江山藝改所

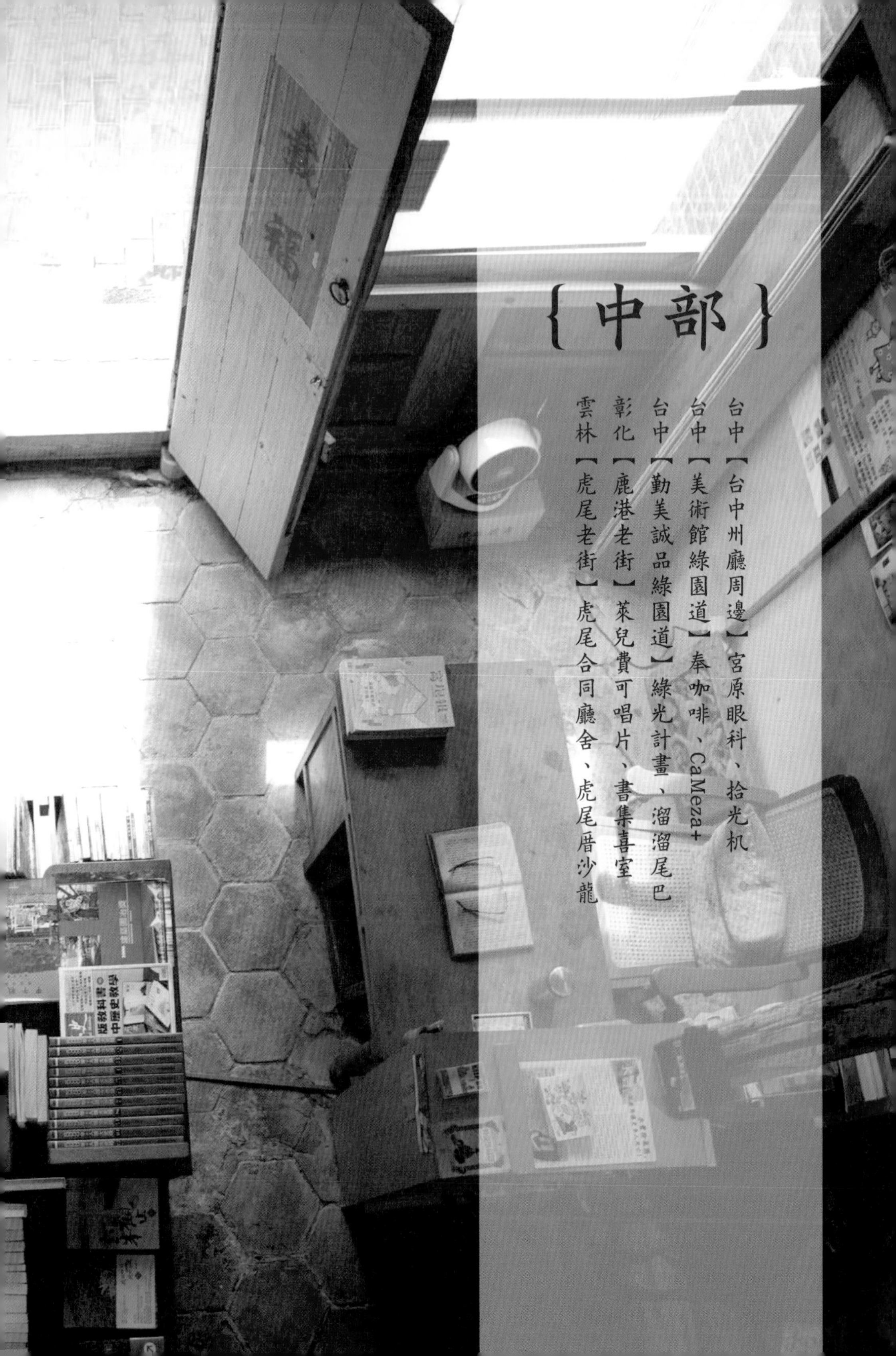

{中部}

台中【台中州廳周邊】宮原眼科、拾光机

台中【美術館綠園道】奉咖啡、CaMeza+

台中【勤美誠品綠園道】綠光計畫、溜溜尾巴

彰化【鹿港老街】萊兒賁可唱片、書集喜室

雲林【虎尾老街】虎尾合同廳舍、虎尾厝沙龍

台中・台中州廳周邊

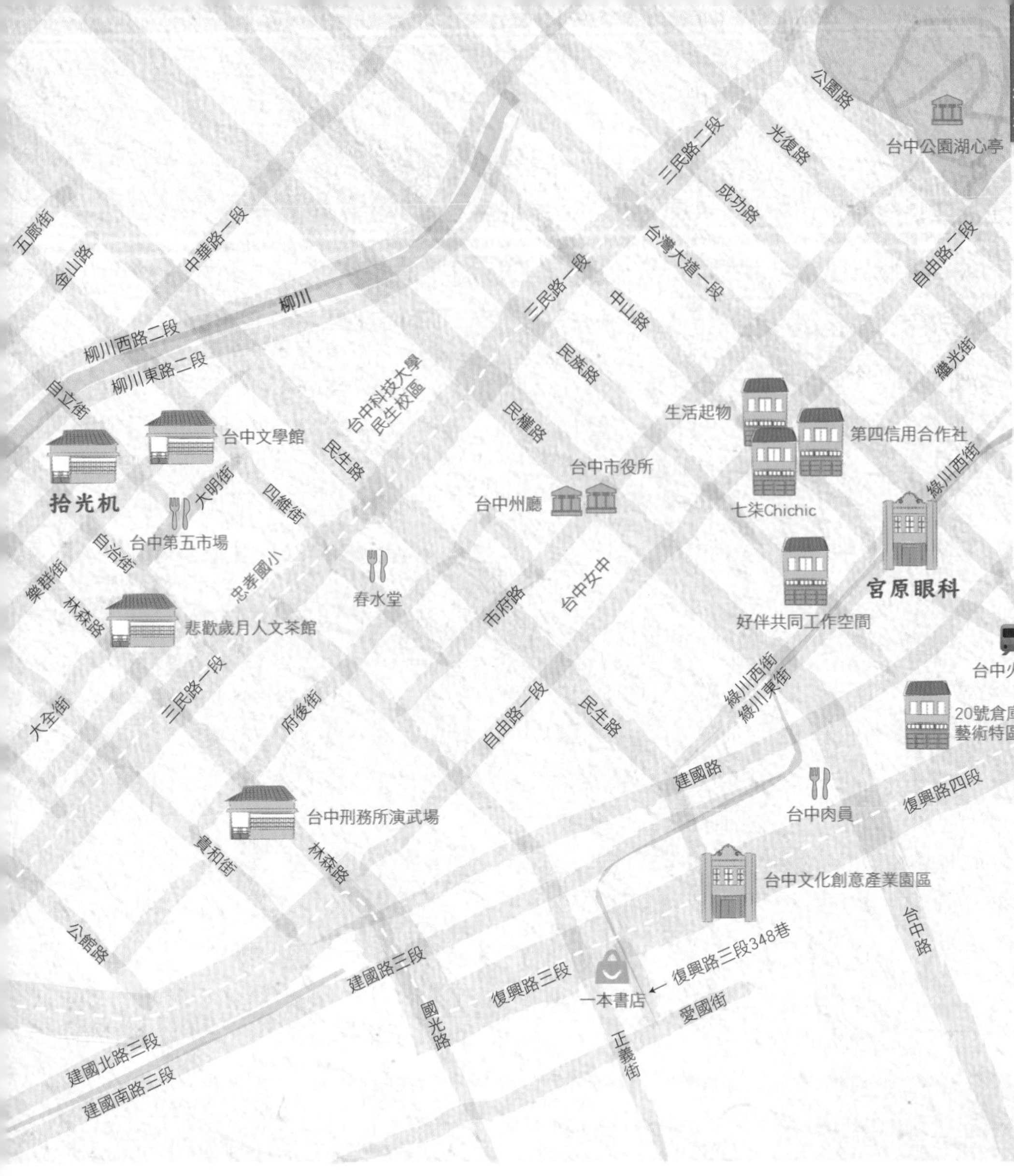

一本書店

作家劉克襄評為綠川河岸最具風味的店家之一，這裡有精選書籍、有機茶飲與手工甜點，滿足心靈和身體的飢渴。

台中市南區復興路三段348巷2-2號

無

台中文化創意產業園區

原為台中舊酒廠，在全台酒廠工業遺址中，保存了最完整的日治建築及機具，活化後作為文化創意產業的發表舞台。

台中市南區復興路三段362號

04-2229-3079

好伴共同工作空間

兩位喜愛社會學的年輕女生，回到家鄉台中改造日治建築「白律師事務所」，成為創業者分享交流的新興空間。

台中市中區民族路35號

04-2223-1312

仿法國馬薩風格的台中州廳曾是舊台中市政府，以州廳為中心，周邊有不少老屋文創店家和古蹟，但分布較為開散，在州廳或火車站租借i-Bike是最輕鬆愜意的遊走方式。

火車站前的中山路上有知名的宮原眼科和數間老屋改造，後站的二十號倉庫、台中文化創意產業園區常有藝文活動，往西來到演武場、文學館，這一帶聚集了數間別具風格的老屋茶飲。

交通資訊

・公車：從台中火車站搭21、27、57、86、290號公車即可抵台中州廳。

散步方式

單車。

第四信用合作社

日出集團繼改造宮原眼科後的另一力作，讓人在老銀行裡享受吃冰的樂趣，服務窗口改造成為點餐區，創意十足。

台中市中區中山路72號

04-2227-1966

台中文學館

日本警察宿舍群歷經80年後主體檜木結構仍保持良好，雕花精美且有緣廊結構，現今規劃為台中文學展覽場域。

台中市西區樂群街48號

暫無資訊

台中刑務所演武場

日治時代警察練武場所，壁柱飾樣、鬼瓦等建築元素極具價值，修復開放後攝影人、婚紗業、Cosplay者趨之若鶩。

台中市西區林森路33號

04-2375-9366

↑ 宮原眼科整修後，一樓紅磚外牆和二樓帷幕玻璃混搭出煥然一新的立面。二樓採用LOW-E膠合玻璃材質，具水幕、雨水回收、調節日光等功能。

特色老屋

宮原眼科

二十年前念高中時，常在台中最熱鬧的火車站前一帶閒晃，那時便注意到中山路和綠川東街交叉口有棟被鐵皮團團包圍的老屋。我老愛從隙縫偷盯那隱約露出的氣派拱磚，揣想它到底是什麼樣的身分來歷，竟能將某個世代的風華鐫刻其上，然後數十年來靜靜蹲踞市區一角，漠然於時光的摧枯拉朽。

想不到四年前路過時，長年圍起的鐵籬已經悄悄拆除，施工中的老屋重現於世人眼前。數個月後，糕餅業者「日出集團」精心擘劃的「宮原眼科」開張了，但它賣冰、賣餅，就是不看病。

這個讓人眼珠子差點掉下來的

↑鄰綠川東街的清水磚牆拱圈騎樓。

↓愛奧尼克柱式支撐水平大樑，上有「台中市衛生院」字樣，門把造型象徵民國一百年重新開幕。

店名，來自於日本屋主宮原武熊博士，宮原身為日治時期的眼科醫學先驅，不僅在這棟建築物裡創立全台中首間眼科醫院，也以台中州州協議員的身分活躍政壇，為台中爭取許多現代化建設。

宮原眼科建成於一九二七年，是典型的日治磚造街屋，一樓為承重紅磚牆，二樓木造房屋，由老照片尚可清楚辨認巴洛克風的牌樓。國民政府來台後，宮原遭到遣返，

建築物陸續為衛生院、性病醫院、理髮廳、車行、台灣日報等公家與民間機構使用。

二十年來，歷經大地震與颱風的摧殘，部分建物損毀嚴重，精緻牌樓不復存在。台中市區精華地帶也在這些年間往西挪移，老屋所在的中區日復一日清冷。

二〇一一年起日出集團進行改造，打破「原樣復原」的思考，改採「現況保存、新舊並置」的方式，拆除傾頹虞慮嚴重的增建部分，架設補強鋼樑支撐舊磚造牆，搭配二樓帷幕玻璃，老屋的新外觀於焉誕生。

↑二樓的醉月樓餐廳，提供珍珠奶茶和炸芋粿等道地台味的茶飲和點心。
↓餐廳上方可見原始屋頂木架構保留完好。
→ 一樓大廳，直達天花板的書塔創造出猶如英國學院般的古典氛圍。

老屋的內部，充分回收舊木料於營造圖書意象、沙龍隔間及欄杆，大門店招的交趾陶字和冰淇淋牆面梅花剪黏，則重現精巧的傳統工藝。商品設計上大量運用台灣歷史圖像，復刻古早文化氛圍，在建築改造和商品巧思的裡應外合下，成功為沉寂已久的中區再造觀光熱潮。

世界先進城市如倫敦、京都、鹿特丹，開發到一個程度後總會回過頭來發現舊城區的歷史價值。在碧波蕩漾的綠川掩映下，紅磚立面的宮原眼科猶如一列承載美好記憶的火車頭，驅動老城區的復甦軌跡。

↑↑傳統剪黏工藝的梅花圖為牆面生色不少，冰淇淋吃得到台灣四季水果的好味道。
↑回收舊木料運用於營造圖書意象，商品設計呈現早期台灣圖像。

宮原眼科

- 糕餅禮盒、冰淇淋、餐飲
- 台中市中區中山路20號
- 04-2227-1927
- 10:00-22:00（無休）
- http://www.miyahara.com.tw/index.html

↑拾光机的房屋低於路面，外觀隱密內部卻令人驚豔。
←Rita從各地拾來的舊物豐富了拾光机裡外。

特色老屋

拾光机

老屋就那樣低調地佇立在小路邊，古典的日式形制，端整中透露出優雅氣息。門口釘上一小塊暗褐色鐵鏽招牌，彷佛略盡告知身分的義務。

踏進店裡，只見服務生忙進忙出，看來即使這麼低調，還是受到許多識途者的喜愛。老闆Rita正在吧檯和客人聊天，談到店名由來，她說，「時光機」是一種可以穿梭過去、現在和未來的載具，老房子也是如此。

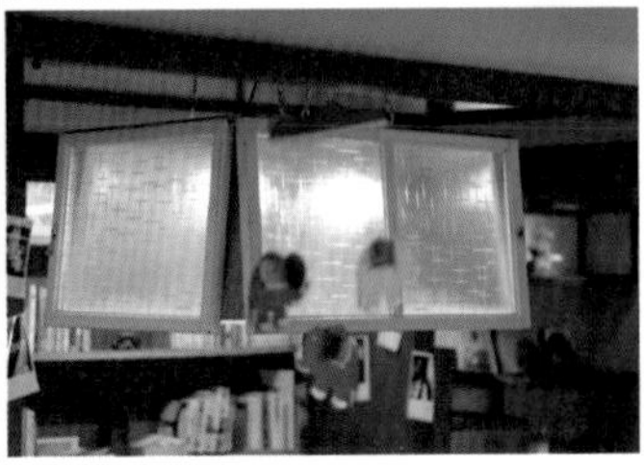

↑↗上方原本封死的氣窗磨小窗框後變成活動窗，室內空氣更加流通。
↗工班大哥發揮巧思，將老木窗改造成獨樹一格的燈罩。

而「才」等於手，「合」酷似房子形狀，因此「拾」意味：老房子需要靠每個人發揮自己的一份力量，才能被「拾」回、保留。

Rita推估老屋年紀大約有一百年，因為整修時發現壁櫥內門的襯紙上有著「大正五年」（一九一六年）字樣的出貨單，至於房子的用途，由於鄰近自立街的警察宿舍，推判可能也曾有員警入住。

這十幾年來，老屋人去樓空，任其荒廢，歲月的灰塵悄悄飄落、堆積。直到二〇一三年的某一天，Rita在網路看到標售訊息與現任屋主聯絡，與匆匆跑來看這棟老屋。

她對著快被雜草淹沒的老屋自我介紹：「你好！你很可愛，希望有機會照顧你……」沒想到這一承租下來，就連續整修了七個多月。一開始先

↖平日總有不少文青、藝文工作者在這裡聚集。
←Rita親手補綴屋瓦、更換木料，打造出現在舒適怡人的日式空間。

「拆」，把增建的夾層和天花板全數拆除，還房子原本面貌。再來「修」才是大工程，補屋瓦、換樑柱、撐地板、洗木料……，都相當耗時、費工、花錢。

為什麼愛老屋愛到願意花費大量心血修復？她認為，每棟房子都和居民有著緊密的互動與關聯，等於是一個個記憶載體，擁有其獨特的味道且無法複製，常讓人有意想不到的驚喜與感動。她希望藉由拾光机，對每一個走進來的人展示老屋再生的可能性，也許便能提高其他老屋存留下來的機率。

坐在拾光机裡一個下午，聽著Rita分享和老屋相遇的故事，看光線透過細木窗櫺在灰泥牆上慢慢游走，從午後的朗朗明光變幻成街燈的浮光暗影，想像回到過去房子新落成時的意氣風發，人去樓空的沒落黯然，到現在重生的喜悅，然後抵達未來看見更多老屋再生的情景……

一回神，我意識到自己經歷了一場時光旅行。

↑當光線透過窗戶灑進屋內，很多角落就像老電影一般迷人。

↓父親贈送的幻燈片放映機，每到下午時刻彷彿透過光影播映著這裡的故事。

拾光机

- 咖啡茶飲、點心、藝文展覽
- 台中市西區自治街36號
- 04-2372-3733
- 13:00-21:00（週一休）
- FB搜尋拾光机

台中・美術館綠園道

上下游基地

報導台灣農業、食物及環境議題，並販售相關農產品的網路行銷平台「上下游市集」，在台中所開設的實體商店。

台中市西區五權西二街100號

04-2378-3835

INO HOME

巨大仙人掌的庭園和洋溢北歐氣息的室內設計，都和西洋風情的老屋很match，充分展露台中特有的Brunch悠閒感。

台中市西區美村路一段564巷27號

04-2376-3353

小夏天

美術館小巷內的越南料理，改造自附庭院的美式二樓住宅，美食與建築呈現兩種迥異的異國情調卻無違和感。

台中市西區五權西四街13巷3號

04-2372-6763

台中草悟道是美術館綠園道、勤美誠品綠園道、經國綠園道等帶狀都市綠園道的通稱，沿路觀光景點眾多，如自然科學博物館、勤美誠品、市民廣場、台灣美術館、存中街、異國風餐廳等，成為市民與遊客喜愛的休閒去處。

其中美術館綠園道一帶曾有大量美軍宿舍群，建築風格十分特別，目前進駐文創店家之多，令人目不暇給。

交通資訊

・公車：從台中火車站搭台中客運71、統聯客運75或全航客運5皆可抵達國立台灣美術館。

・高鐵：從高鐵台中站台中站搭高鐵接駁公車或統聯客運159亦可抵達。

散步方式

步行、單車。

窩巷

「窩」在有意思的小「巷」子裡，40年老屋改造成法式甜點咖啡店，一、二樓分屬日式簡約和台式復古風。

台中市西區五權五街133巷39號

04-2377-0101

三和兄ㄟ懷舊餐廳

手繪電影看板散發懷舊風情，走進店裡琳瑯滿目的老桌椅、老櫥櫃、柑仔店雜貨，帶你重溫台灣古早的美好時光。

台中市西區五權西一街115-1號

04-2376-7889

東海書苑

台中著名老牌獨立書店，創始於東海大學旁後遷移至此。常舉辦各種議題讀書會，隱藏不少冷門絕版書籍。

台中市西區五權西二街104號

04-2378-3613

←↑這幾年來忠信市場是中部文青和攝影人喜愛尋幽訪勝的地點。
→在市場走道送往迎來的奉咖啡，很適合坐下來邊喝咖啡邊欣賞獨特的空間。

特色老屋

奉咖啡

造訪過台灣各地各式各樣的老屋改造街區，忠信市場是唯一一個誕生於老市場的藝術聚落。這個老市場建於一九六八年，全盛時期曾聚集多種青菜和肉類攤位，甚至還有西服與棉被店面，供應附近住家、小工廠和美軍宿舍村落的日常需求。後來台美斷交美軍遷出、市區發展型態改變，此處的重要性逐漸被新興市場取代而走向沒落，只剩下外圍幾家攤販零星經營，內部轉變成單純居民住宅。

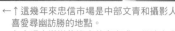

自二〇〇八年起，一群懷抱著創作或創業夢想的年輕藝術家，看上這裡三千元起跳的便宜租金和奇特的空間調性而遷入，一家家工作室、小店、藝廊陸續開張，跳接串連成一個多元混搭的藝術烏托邦。

奉咖啡的老闆大頭也在這樣的時空背景下駐足市場，以

↑附近店家「小雨的兒子」親手打造店內的細鐵框玻璃桌。

↓一二樓間的狹小木梯僅容一人彎身通過。

↓↓二樓座位可以觀賞到市場建築的上方部分，另有一番景致。

特色鮮明的手沖單品咖啡闖出名聲。奉咖啡採全開放式的店面，不管從外面看進去或從裡面看出來，視野一覽無遺，這也和大頭的經營哲學有關：「我的咖啡其實是一個介質，讓客人在品嘗咖啡的過程中，心漸漸安靜下來，可以好好去看這個環境。這裡包含了很多老社區才有的東西，譬如人情味，像是老阿嬤的噓寒問暖，小孩子的玩耍嘻笑，這是現在都市生活裡幾乎接觸不到的。」

由於位處美術館前的黃金地段，都市更新的無情之手隨時有可能介入，忠信市場是否能繼續存在成為一個問號，但不管如何，這群年輕人已經用熱情和創造力寫下一則藝術造街的都市傳奇。

奉咖啡

◎ 咖啡、藝文展覽
台中市西區五權西路一段57巷2弄7號
0972-872-792
14:00-22:00（週一休）
FB搜尋奉咖啡

↑藝術展覽、劇場表演、音樂會……奉咖啡的活動多采多姿。
←一旁經營二手古物的忠信民藝是第一批入駐店家。
↓市場內供應美式漢堡和炸物的店家Pipe牛逼館子。
↙忠信市場內的公廁被藝術家妝點得熱鬧繽紛。

↑↖CameZa+並未進行太多改造，大膽採用各種色調油漆為外觀營造不同味道。

特色老屋

CameZa+

一九五四年中美簽訂共同防禦條約，牽動台中市西區這一帶的地景風貌隨之改變，大量和台灣建築風格迥異的美軍宿舍出現：左右棟鏡射對稱、十數扇大小不等的採光窗戶、一樓附有庭院和車房、二樓露台特別寬敞，宛如縮小版的美國西岸住家，以簡約造型鋪排出悠閒的生活情調。

數十年後，不少咖啡和文創店家看上這樣的老屋魅力，也像當年的美軍般紛紛空降此區。CameZa+即是其中一戶，老闆阿德從國中就開始玩底片攝影，也喜歡蒐集復古風雜貨，於是誕生了Camera加Zakka的CameZa+。

↓不時有婚紗攝影業者前來租借場地拍攝。
↓↓車庫改造成商品陳設空間，裝設可移動的軌道燈方便隨時改變照明。

當初因為屋主撂下一句「你不租我就拆掉囉！」讓阿德硬著頭皮接手這間壁癌遍生、霉味充斥的老屋。起初觀察房子，只感覺房子的線條好像被困住了。當圍牆敲掉的剎那，他恍然大悟——這房子本來就不該有圍牆，是台灣人習慣有圍牆才加上去的。他笑著打比方：「好像一個美女戴了口罩，臉被遮住當然就沒那麼美了。」

阿德種下的榔榆從庭園一角盡情伸展繁密枝椏，輕快的綠意和牆面的灰、橘，窗框的白、藍綠，交互映襯得活潑耀眼，少了圍牆遮擋，這幅美景更加表露無遺。

長年浸淫攝影創作的阿德，認為光線是「最具CP值的隱形裝潢」，因此鋪設軌道燈和搭配各種燈具，在陳列相機和雜貨的空間裡，靈活運用燈光映照出商品不同的層次面貌，讓我忍不住頻頻舉起相機，只覺得每個畫面盡善盡美，充滿自然自在的生活感。

這些看似復古歐風的精緻雜貨，有許多出自台灣設計師之手，和歐美商品擺在一起毫不遜色。下巴蓄短鬚，一派藝術家灑脫模樣的阿德，其實內心對台灣設計有著無比熱情：「做任何事情都要花錢、花時間，你總

↑↓除了歐美商品，主人阿德堅持幫推台灣設計品牌。
↙樓梯上方原本是儲藏櫃，多開一列窗讓熱空氣對流出去。

CAMEZA
Tue-Thu 11:00 - 20:00
Fri-Sat 11:00 - 21:00
Sun 11:00 - 20:00
No digital, Film Only

↑將原本民宅感太重的鋁窗全拉掉，改成鐵質方管窗框，營造出有如畫框的效果。
↓這裡時常舉辦拍立得、烹飪、手作工藝等各種work shop。

是要有自己想堅持下去的核心，開店除了現實營利之外，我想do something，幫台灣的設計說故事，就像改造老屋不是想炒作，而是希望生命延續下去。」

一幢老屋是一個故事，在CameZa+我看見主人用心將攝影素養幻化成細膩的光影氛圍，烘托出商品的風格與質感。老空間、新設計，合作演繹淋漓盡致的生活美學。

←阿德在其中一扇窗框上
加裝木質雨淋板，為視
覺感受帶來小驚喜。

CameZa+
拍立得、飲品點心、家具雜貨、工作坊
台中市西區五權西五街20巷7號
0911-951-721
週五-週六11:00-21:00、週日至週四11:00-20:00（週一休）
http://camezaplus.blogspot.com/
FB搜尋CameZa+

台中．勤美誠品綠園道

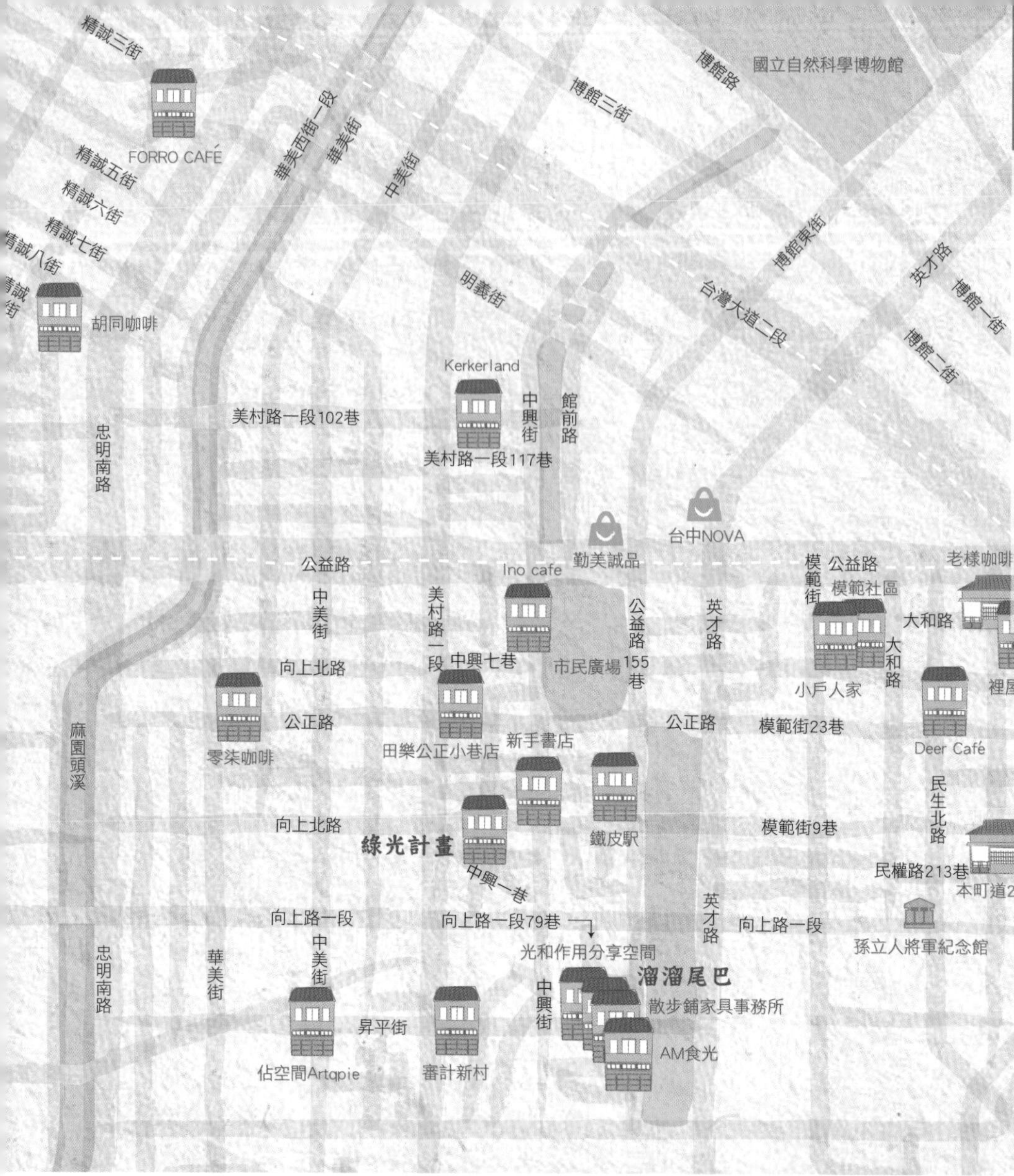

模範社區

台中知名老屋改造集團「范特喜」的新作，雜貨婚禮布置、點心坊、插畫明信片等店家齊聚於日治時代舊建築群中。

台中市西區模範街40巷12號

0958-958-813（小戶人家）

Forro Cafe

精明商圈小巷內的40歲老屋改造，老闆為音樂人出身，因此這裡除了咖啡、酒飲、B&B，也有現場Live Band演出。

台中市精誠三街47號

04-2310-1661

孫立人將軍紀念館

孫立人將軍因政治原因，被幽禁於這處日式平房庭園33年，今展示其文稿史料，讓大眾認識這位一代名將。

台中市西區向上路一段18號

04-2229-2080-214

近年來台中最夯的逛街去處莫過於勤美誠品，很難想像這棟建築物在十年前還是廢棄的停車場大樓，經改建成覆滿綠意植栽的複合式商場後，變身為炙手可熱的觀光景點。

周邊的老屋改造面貌繽紛熱鬧，有自來水宿舍變身的綠光計畫、日本風格建築再生的模範社區、美軍宿舍群進駐許多獨立店家，未來審計新村宿舍和附近街巷的台式老販厝也可望串接成新興文創連線。

交通資訊

・公車：搭乘台中客運27經國園道站、統聯客運81經國園道站300-308號公車至科博館站，步行約5分鐘即抵。

・高鐵：烏日站搭乘接駁車（往中國醫藥大學），至科博館站下車，步行約5分鐘即抵。

散步方式

散步、單車。

光和作用分享空間

位在綠園道旁聚集老屋文創店家的小巷，販賣公平貿易商品、安心農產、自然美學手作，時常舉辦深度議題講座。

台中市西區向上路一段79巷66弄24號

04-2302-6882

佔空間Artqpie

老宅改造成閱讀空間，在這裡可以發現許多少見的書籍、雜誌和店家出版的獨立刊物，設計風格讓人眼睛為之一亮。

台中市西區中美街135號

0982-723-359

新手書店

號稱台中最任性的書店，展售許多獨創書、絕版書、停刊雜誌、老闆選書，成為城市之中撫慰人心的文化綠洲。

台中市西區向上北路129號

0955-824-288

↑六十多歲的自來水宿舍在荒廢了二十年後，委由日本建築師廣瀨大祐設計改造。

特色老屋

綠光計畫

在台中逛遊具有特色的老屋改造，大概很難跳過「范特喜微創文化」的作品。范特喜從二〇一一年成立開始至今，以綠建築的概念持續改造閒置老舊建築，並引進生活產業類業者和創作者入駐。

　鍾俊彥總經理談起范特喜的創立背景：「我們在二〇

↑一樓以落地窗和種植樹木，製造出寬闊的空間感。

一一年成立，那時公司有三、四個人，彼此是大學或高中同學，基本背景都來自於土木和環境工程，組成當時各自都已經工作大約二十年，剛好到了想轉換工作型態的時候。」

因為友人偶然間的一句話：「城市的進步不在於豪宅蓋了多少，而是生活在這裡的人能不能時時刻刻感受到幸福的氛圍。」讓這群五年級生靈光乍現，人生第二次的事業目標浮現出清晰輪廓，這句話也成為范特喜在進行改造所有老屋時的精神依歸。

第一號作品誕生於台中市美村路一段一一七巷裡，連棟透天厝變身為工業設計主題的巷弄聚落。接下來，中興街的甜點森林、綠光計畫、新手書店，以及模範社區等聚落等漸次成形，紛紛躍為台中都會區的觀光熱點。

→白天和夜晚的綠光計畫，各自擁有截然不同的風情。

↑站在二樓露台俯瞰天井，紅磚牆和幾何圖案地磚古樸有味。

談到綠光計畫，鍾俊彥分析改造構想：「這個計畫用了日本長屋的設計，日本長屋縱深非常深，自來水宿舍剛好相反，房子深度大約只有十五公尺，也因為縱深太短沒辦法產生寬闊感，所以我們從房子的橫向下手，為大約一百公尺的長度製造空間穿透感，每一個店鋪都有透明落地窗，每天在特定時間窗簾全拉開，就能從巷子頭一直看到巷子尾，視覺穿透每一間店鋪。」

此外，在房子中間特地選擇幾處位置挑空種樹，一進門時視線餘光便能遍及左右數十公尺，同時看見陽光穿透天井，寬闊的感覺油然而生。藉由調整房屋走廊和陽台的格局、增加開窗等方式提高室內使用效率，也連帶地增加租金收入，於是得以快速攤平在維修改造上的支出。

↓皮件、雜貨、洋傘、鹹派等不同文創店家進駐，豐富了聚落的面貌。

↑二樓的房屋樣式常讓人錯覺像身處平地村落，衝突的建築趣味令人驚喜。

為了吸引更多優質店家入駐，范特喜一路走來的角色從房東演化到協助者，甚至開辦育成中心輔導具有創意卻不擅經營的創業者。

入夜了，綠光計畫裡一家家小店舖溫暖的燈光亮起，為城市夜空譜出一片幸福氛圍。

綠光計畫

咖啡、輕食、文創、雜貨
台中市西區中興1巷2號~26號
:10:00-20:00（無公休）
FB搜尋范特喜_綠光計畫

特色老屋

溜溜尾巴

↑附小前庭的透天厝，圍牆與大門降低一半高度、鐵皮前簷改成採光罩後，變得明亮通透。

↙店主夫妻中本和Emily經營木作家具和雜貨，快樂實踐開店夢想。

沿著勤美誠品綠園道往美術館的方向慢慢踱去，向上路一段七十九巷很快就會出現在右手邊，如果你有著旅人敏銳的觀察神經，光站在巷口應該不難察覺裡面另有一番天地。巷子裡參差錯落數間一九七〇年代販厝（註）改造的藝廊咖啡、北歐家具、鄉村雜貨、設計文具……，悄然形成一個老屋文創聚落。

聚落中段有家店鋪，降低一半高度的圍牆和大門顯得平易近人，老闆時常在前庭敲敲打打製作客人下訂的家具，但這裡不只是一間木作工作室喔！它還有代售幾個本地雜貨品牌，逛累了也可以到二樓歇歇腿，品嘗老闆娘的特調茶飲。

溫馨可愛的小店有個非常符合它味道的名字：「溜溜尾巴」，老闆中本和Emily是一

對非常親切的年輕夫妻，他們說：「我們個性比較低調，所以不會大張旗鼓做廣告，只希望來的客人就像遛狗或遛貓一樣，帶著輕鬆愉快的心情逛逛這條小巷子，然後驚喜地發現我們的存在。」

四年前，中本和Emily因為李安導演的電影《少年Pi的奇幻漂流》在台中開拍而相遇，中本負責美術道具木工，Emily則在油漆組擔任翻譯，電影之外的浪漫情節從此在真實人生中上演。對他們來說，創業開店是兩人的夢想，不奢求大富大貴，能一起圓夢已經很滿足。

在小店裡頭流連，我發現許多改造手法創意十足，例如鋁門窗框體以木質包覆更顯素樸、水泥牆上幾處「文化石」（註）盈溢歐式鄉村風情、常見的老手扶梯去除變質的紅色

↑→本地手作品牌和國內外蒐集的罕見雜貨琳瑯滿目。

←到處可見店主人運用木工專長與設計美感改造的成果。
↓後方空間原本陰暗且生長壁癌，改良採光與牆面後變得明亮舒適。

溜溜尾巴

客製木作、雜貨、手作課程、飲品
台中市西區向上路一段79巷66弄18號
0922-165-156
14:00-19:00（週一、二休）
FB搜尋溜溜尾巴

塑膠皮後展露簡練工藝感，來到二樓更讓我讚嘆，中本以木工長才打造的隔間和展示牆，充分表現木作的溫潤質感與活潑的可運用性。

這裡還有一大改造特色不可不提，房子幾處原有的鐵花窗拆除下來，視覺上變得通透之外，拆下的鐵花窗再運用於各個空間，青綠色彩與幾何圖案呼喚出繽紛復古的台式美學。

原本陰暗潮濕的封閉透天厝，幾經巧手改造後重寫了生命劇本，行走於巷弄間的日常畫面，溜溜尾巴是其中一格動人片段。

註
販厝：台灣常見一整排蓋好準備出售、呈長方形的臨街透天厝。
文化石：薄磚塊，有白色、粉色、仿紅磚色等花色。

↘二樓以房東棄置的舊木窗拼貼成極富特色的木牆，達到隔間與採光效果。

←清理牆面時發現被掩沒在油漆下的磨石子牆面，兩人開心地努力回復原貌。

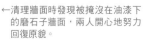

Le FABULEUX DESTIN D'AMÉLIE POULAIN Un film de JEAN PIERRE JEUNET
アメリ

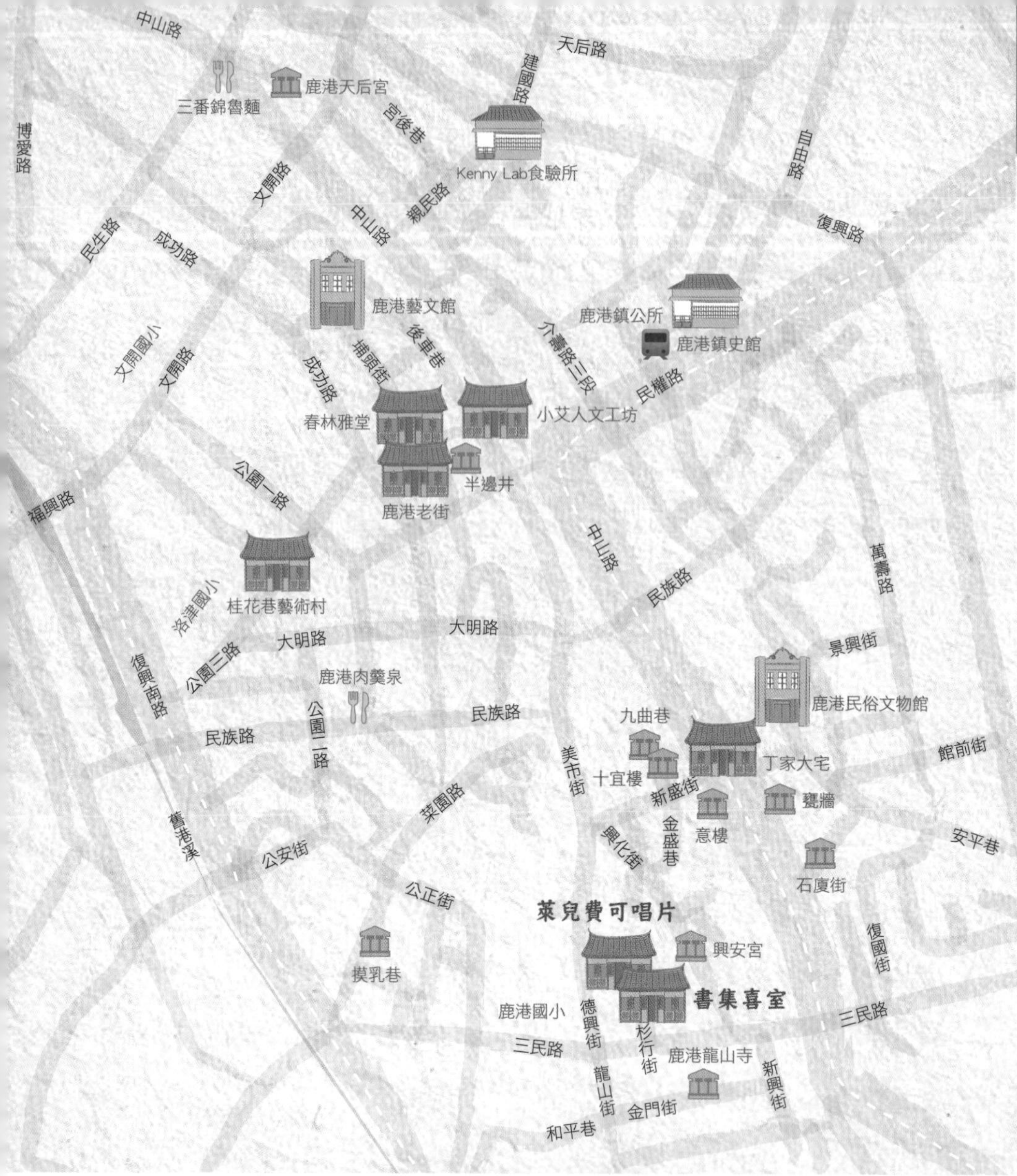

桂花巷藝術村

日式宿舍聚落群改造的藝術村，是藝術家的展演場地與工作坊，也是遊客近距離體驗鹿港工藝之美的好所在。

彰化縣鹿港鎮桂花巷7號

04-778-4337

小艾人文工坊

老屋改造成背包客棧，不時舉辦尋訪鹿港小旅行、紀錄片放映、講座分享等有趣活動，讓旅人深入了解在地文化。

彰化縣鹿港鎮後車巷46號

0973-365-274

鹿港藝文館

昭和3年鹿港興建的西式公會堂建築，樑柱採鋼筋混凝土，屋頂棟架為木架搭配鋼桁架，上鋪水泥瓦。

彰化縣鹿港鎮埔頭街74號

04-778-4337

鹿港的老屋文創、老街以及古蹟景點多集中在中山路從天后宮到龍山寺的鄰近街區。清朝起中山路即是熱鬧的商店街，兩旁店家合作建蓋連續的遮雨亭，形成「不見天街」。到了日治時期，日本政府有鑑於居家衛生因素，進行都市改正計畫拆除部分街屋，並建造帶有和洋風情的新式建築，塑造成今日的中山路面貌。

交通資訊

・公車：1.彰化—台中線或台灣好行高鐵—鹿港線。2.彰化客運：台中或彰化火車站搭乘彰化客運至鹿港，鎮公所站下車步行5分鐘。3.中鹿客運：台中市後火車站發車，中港路沿線皆有停靠站，直達鹿港鎮公所站下車。4.統聯客運：搭乘統聯客運至鹿港鎮公所站。

散步方式

步行、單車。

鹿港龍山寺

清道光年間建成，建築結構與雕刻彩繪之精巧，被喻為民間藝術殿堂。戲台的八掛藻井是台灣現存最早作品。

彰化縣鹿港鎮金門街81號

04-777-2472

丁家大宅

清道光年間丁氏家族來台經商，事業功名皆有成後興建丁家大宅，又被稱為「進士第」，為格局特殊的長條形街屋。

彰化縣鹿港鎮中山路130號

04-778-3488

鹿港民俗文物館

日治時期台灣五大家族辜顯榮宅邸，混合多種風格的豪華洋樓被稱為「大和大厝」，可入內參觀早期鹿港文物。

彰化縣鹿港鎮中山路152號

04-777-2019

↑萊兒費可唱片寄居的七十多年日治時期老屋，據地緣和格局研判最初用途為木材倉庫。

特色老屋

萊兒費可唱片

在鹿港老街租了U-bike，騎到中山路再騎進杉行街，不時隨著巷弄彎曲的弧度調整把手轉動的角度向前踩踏。清朝時杉行街曾聚集許多木材藝品商家，如今已看不出曾經的產業脈絡，倒是依據河道所形成的街道，那平行的排列仍然明顯，彷彿有條隱形的河流依傍身旁。

路邊出現一堵紅磚牆，頂上叢生著綠葉巨大如掌的黃金葛，這兒便是萊兒費可唱片了。老闆John算是半個鹿港人，孩提時浸淫於古城文化的氛圍，成長後越洋到美國念平面攝影。學成後回鹿港外婆家創業找房子當工作室的過程中，他發現了老房子的珍貴價值。

「為什麼鹿港有這麼多觀光客想來？因為當我從天后宮走到龍山寺，我看到街邊小角落有清朝時期的樣貌，過一個小巷又是日本時代的風華猶存，一代代人傳承的生活沿革都在這裡，鹿港之所以吸引觀光客的特色在此。」透過老房子，小鎮久遠的歷史意義於焉浮現，清晰無比。

↑John爬上屋頂解說，由左至右分別是日治、清領、民國時期的建築。
↓前廳中央有日治時期設置的防空洞，整整花四個月整修只為了讓來客體驗。

→提供無阻隔的展場空間和協助策展服務，歡迎藝文創作者洽談。

John本來在網路上經營虛擬唱片販售，現在結合老屋空間開設了這家清朝古巷裡的現代唱片行，一方面具體實現自己的藝術創作，一方面也藉由收入來維修老屋，期待讓老屋自己養活自己。

雖然老屋的整修工作永遠處於進行式，讓John時常陷入換新？復舊？天人兩難的抉擇，但生性樂觀的他，相信老屋應該有更多發展的可能性，也為了這份信念繼續堅持著。

老屋，可以新創，在注入現代靈魂的老屋中，我看見了努力不讓文化消逝的感動。

↑↓輕鬆詼諧的唱片設計下，悄悄傳遞值得探討的公共議題。

萊兒費可唱片

- 藝文展覽、現場演唱
- 彰化縣鹿港鎮杉行街29號
- 0919-686-215
- 12:00-18:00（週一休）
- FB搜尋萊兒費可唱片

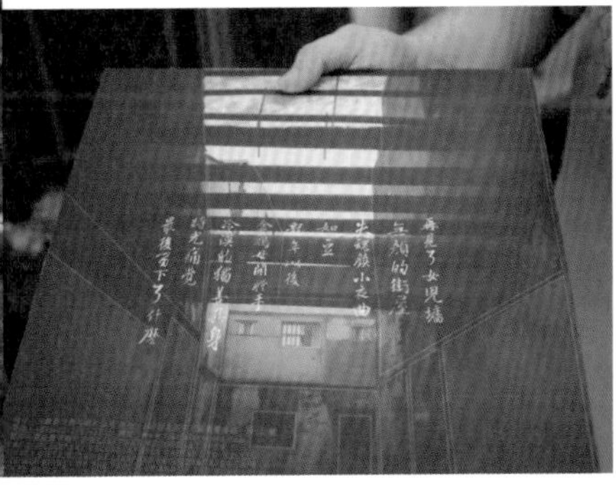

↑二樓仿巴洛克式西洋立面，和一樓閩南木板門窗恰成對照。
←原屋主為房子取吉祥名「鄭永益」。

特色老屋

書集喜室

順著杉行街的古老曲線往下走，突然間，一抹清麗的碧藍躍入眼底，我當下直覺知道是這裡了！一樓中國清朝閩南式建築的木板窗，以藍漆上色更為亮眼；二樓卻是日本時代的洗石子立面，仿巴洛克式的華麗情調，這中國與西洋、傳統與摩登、素樸與氣派交雜的矛盾，似乎在時光一視同仁的照撫下漸趨融合，不再對立。

這間古典文雅的書店，主人是在台中社區大學開設走讀課程的黃志宏，出身自鹿港，成長後負笈台中求學、工作，二〇一三年回來找房子，經由

↑紅磚和書牆相互輝映，形成一片美麗的閱讀風景。

仲介介紹這棟古厝，當場決定買下。「小時候，我父親就在隔壁兩間的房子裡製作刨刀，因此我常常在這邊出入玩耍。」會這麼阿莎力地出手，也是來自於這層深厚的緣分和感情吧！

老屋建造於昭和六年，鄭姓屋主在彰化火車站附近開設「東洋行」布莊，和日本進行貿易往來，這裡則作為住家使用。黃大哥當初買下的目標是修復成原貌，而這間古厝無論格局與形制在杉行街皆屬獨一無二，因此他特地拜訪已遷離的現任屋主和其家人，詳加探聽老屋的原始結構再著手施工。

他抓緊在格局不變的原則下增加通風、採光，以及加入現今生活元素，讓老房子融入現代生活。

↓擁有歷史文物研究背景的黃志宏，偉士牌和老件家具都是最愛。

載
福

陸續修復已經塌陷崩毀的二樓屋頂、製作和原來規格相同的樓井（註）欄杆，甚至相當費工地把和室房和整座樓梯的木頭構件全拆掉，挑出朽壞的部分再重組回去。

為什麼要這麼辛苦地復舊？受過歷史與文物研究訓練的黃大哥堅持：「一間房子能反映當代人的生活，在於它的空間格局，所以我不會去改造空間格局，從這棟房子可以看出日治時期住在街屋的人們的活動，怎麼在街屋裡生活。」

本來只是想要自家居住，從整修的過程中益發感受老屋之美，基於「想讓更多人知道老房子其實是可以修理的，不一定要拆掉」，心念一轉打開門來做生意。

選擇賣書則是出自於「鹿港沒什麼書店，希望鹿港人有地方可以去」的想法，甚至，

↓原本二樓已經坍塌，黃志宏不放過任何線索打造出樣式相同的新樓井。

憧憬著未來這裡出現更多的書店，就像他小時候曾經有過的盛況。「如果從這裡走到天后宮有一條書街起來，當中部或其他地方的人想要看書，就會想到鹿港。」

在我們聊天的當中，有些居民進進出出，還有客人帶來馬來西亞的華僑朋友，興味盎然地四處翻看。午後陽光漸漸入侵這棟朝西的老厝，被曬到的紅色六角地磚和角落陰暗處形成極大的明暗反差。黃大哥起身，把一片片木板裝上窗戶，那樣的「關窗」動作，似乎只在古裝電影裡看過，我趕緊取出相機拍攝。

西曬陽光火辣辣地映在黃大哥的臉上，就像書街的夢想，把他瘦削卻堅定的臉龐照得閃閃發亮。

註

樓井：房屋內部的樓板留設一個方洞，四周圍以欄杆，形如樓中之井。具有採光、通聲、吊取貨物等功能。

↙ 不丟棄多餘的紅薄瓦片，貼上牆面更顯活潑。
↓ 小客廳裡展示黃志宏多年來接收自親友的老件家具和家飾。

↑書集喜室的意涵：這裡是書集合的地方，在這裡大家都很歡喜。

書集喜室

- 二手書、藝文講座
- 彰化縣鹿港鎮杉行街20號
- 0930-989-966
- 11:00-17:30週三至週日
- FB搜尋書集喜室

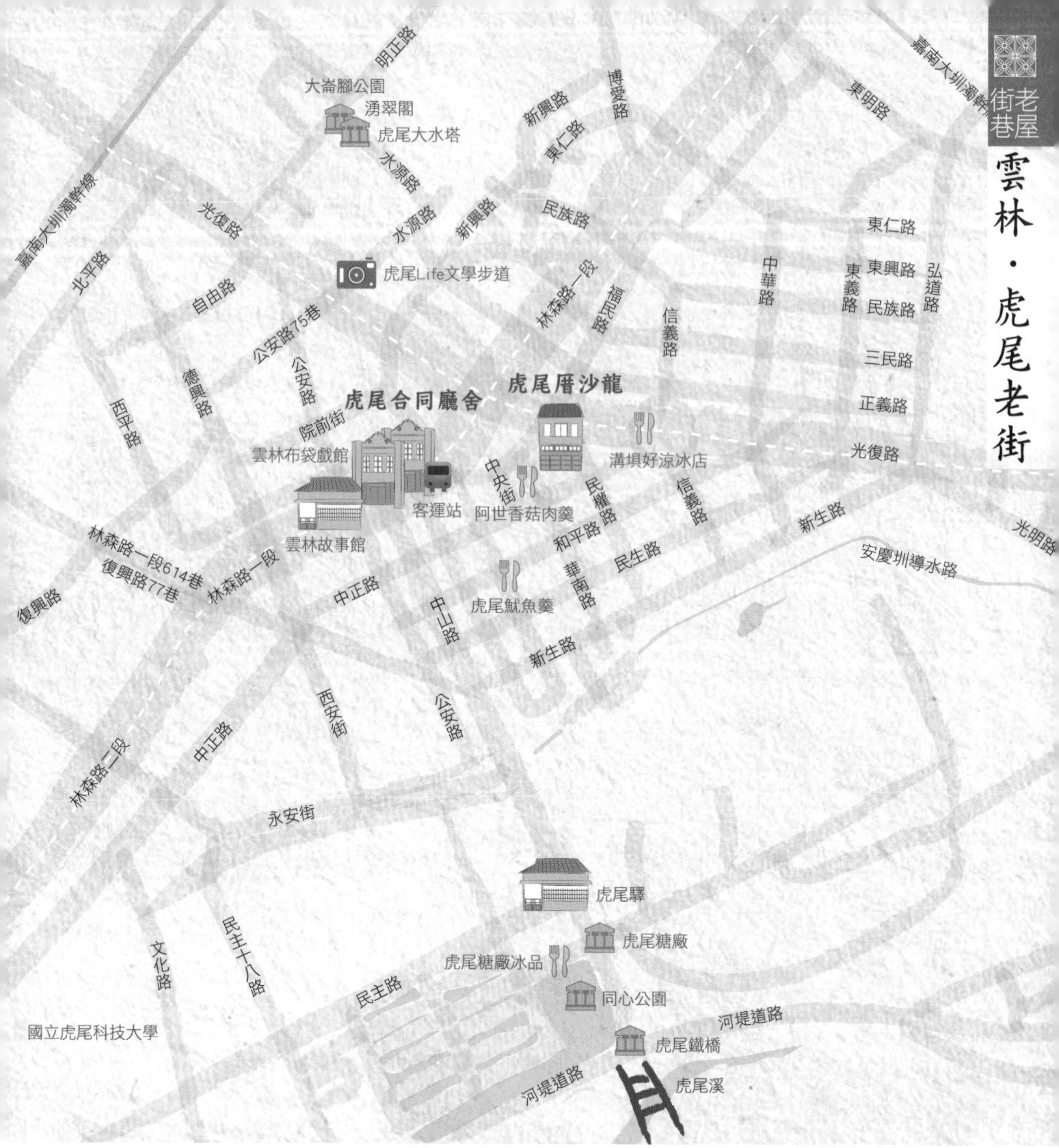

虎尾驛（虎尾遊客中心）

早年虎尾貨運與客運最重要的南北交通樞紐，台灣僅存仍有載甘蔗的五分車行駛，並提供免費租單車與旅遊諮詢。

雲林縣虎尾鎮中山路10號

05-633-5893

雲林故事館

建於1920年代的虎尾郡守官邸，成為闡述在地故事、歷史文學、繪本創作的重要據點，相當適合親子同遊。

雲林縣虎尾鎮林森路一段528號

05-631-1436

雲林布袋戲館

虎尾是布袋戲的故鄉，日治時期的台南州虎尾郡役所經活化後，作為重現布袋戲發展史與保存戲偶的場所。

雲林縣虎尾鎮林森路一段498號

05-631-3080

中山路和林森路一段可說是虎尾老屋文創的黃金交叉。中山路從日治時期開始即是虎尾的南北發展要道，沿路有虎尾驛、虎尾糖廠、同心公園、虎尾鐵橋等歷史建設。林森路上則有虎尾合同廳舍、虎尾郡役所（今雲林布袋戲館）、郡守官邸（今雲林故事館）等老屋文創據點。另外，鄰近的中正路、中央街、福民街，仍保有不少美麗的老建築景觀。

交通資訊

・公車：統聯客運、日統客運、台中客運皆有北港線可到達虎尾，或可先搭到北港，再轉搭台西客運的北港—斗六線到虎尾。

・火車：搭火車至斗六站，再走到後站搭台西客運斗六—北港線至虎尾站。

散步方式

步行、單車。

阿世香菇肉羹

雲林著名老店，骨董級老木造攤位讓人懷念不已，肉羹湯配料豐富、湯頭鮮甜，屬於傳統古早味的庶民美食。

雲林縣虎尾鎮華南路31巷1號

05-633-1233

虎尾鐵橋

橫跨虎尾溪，可通行五分車、縱貫線火車，是全台最早建構的雙鐵共構大型橋樑。

雲林縣虎尾鎮中山路南端底

無

同心公園（台糖員工宿舍）

虎尾糖廠曾是東洋第一大製糖廠，糖廠員工宿舍規劃完善，園區旁有販賣各種口味的糖廠冰棒。

雲林縣虎尾鎮中山路南端底

無

↑虎尾合同廳舍屬於現代式樣的建築風格，塔樓具瞭望功能。
←轉角弧度設計常見於日治時期的道路規劃。

特色老屋
虎尾合同廳舍

從台中搭乘客運直奔虎尾總站，一下車即有三大歷史建築佇立於林森和中山路口迎接我，分別是虎尾合同廳舍、雲林布袋戲館和雲林故事館，光用一個早上的時間流連這三間各有特色的老建築都不夠，更別說從中山路不管往北或往南走還有好幾處值得探訪的歷史景點，而且步行半小時內都可抵達。這樣的虎尾老屋之旅，對一個旅人來說實在太豐盛也太熱情了。

如果不清楚虎尾過去的輝煌歷史，你可能會奇怪為什麼一個淳樸小鎮聚集了這麼多重

↑幾何形狀的窗戶造型為誠品書店賣場空間增添活潑的趣味性。
↙一樓有三個獨立出入口，左右兩區內部也各有門可以互通。

大的歷史建設？其實，虎尾在台灣歷史上曾是鼎鼎有名的「糖都」，從日本明治時期即設立製糖所，蔗糖產量傲視全台，帶動人潮往來和經濟發展，時為中部新興重鎮。

氣勢弘偉的虎尾合同廳舍建成於日本昭和十四年（一九三九年），屬於官方辦公廳舍。「合同廳舍」用中文

↑二樓星巴克的牆上保留供俸日本天皇肖像的「奉安庫」。
→角落還有當時消防隊的出勤滑桿，方便快速抵達一樓。

來說就是不同單位的聯合辦公室，內部空間包含三種用途：派出所、消防組和公會堂。主體為鋼筋混凝土加強磚造的二層樓建築，中央突出四層樓高的瞭望塔樓，有利於觀測地方火警，曾經是虎尾最高的建築標的。

隨著虎尾街市發展重心遞變，虎尾合同廳舍也逐漸淡出警消身分，二〇〇一年列入歷史建築並啟動修繕工程。二〇一四年初，誠品書店和星巴克進駐經營，書香伴隨咖啡香，雲林的人文風景展開了新的篇章。

↑二樓仍留有警察局報案台。通往三樓的磨石子樓梯弧形扶手設計典雅。

虎尾合同廳舍

◎書店、文創商品、咖啡輕食
雲林縣虎尾鎮林森路一段491號
05-700-3566
10:30~21:30（無公休）
http://www.eslitecorp.com

↓有著鴿子警徽的警用桌陳列各式新奇的文創商品。

特色老屋

虎尾厝沙龍

八十幾年前，吳瀾從嘉義東石騎著一輛腳踏車來到雲林，在虎尾從事中藥材和冰品買賣的生意，完全應合了那句「第一賣冰，第二做醫生」的俗諺，日後果然在虎尾發跡，富甲一方，於是重金禮聘日本糖廠的建築技師在此地打造私人住宅。

這棟豪宅的現任屋主王麗萍笑說：「這房子最大的好處就是吳瀾老先生很『趴』，不但有錢又有品味，採用的都是當時最奢華的工法。」

老屋建於一九三五年前

↑↑屋瓦以十六個面向對外開展，層疊錯落，繁複有致。
↑近中央老市場的虎尾厝沙龍鬧中取靜，占地一百坪有前後庭園。
→兼容東西方建築元素，日本傳統屋頂、西方屋身、東西方裝飾，屬日本趣味建築。

後，渾身散發濃濃東洋風情的與亞式樣，又融入中國、西洋等設計語彙，不論以當時或今日的標準來看，都是設計感超前的建築典範。

建築技術方面也相當講究，因一九二三年發生過關東大地震，這時便採用最新技術，融合鋼筋、粗糠、石灰、水泥等新舊建材打造牆身，牆面轉角並加入防震係數的設計。

喧赫一時的豪宅，後來歷經數十寒暑漸趨凋落破敗。直到二〇一〇年，卸下立委職務的王麗萍，一眼愛上了這棟埋沒陋巷的獨棟老厝，腦子裡迸出把老厝改造成獨立書店「虎尾厝沙龍」的念頭。

王麗萍可說是台灣政壇的傳奇人物，曾創下選舉史上最年輕縣議員、民進黨第一位主委等紀錄，政治經歷洋洋灑

↑八十年前顛覆傳統的設計，用天花板格線取代榻榻米衡量面積，檜木地板改成磨石子地。

↑屋裡陳設歐洲骨董家具、水晶吊燈，到處瀰漫古典華麗的氣息。
←王麗萍是虎尾厝沙龍的主導人物，沙龍的靈魂、美感皆來自於她的識見和品味。

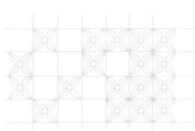

灑。特別關注女性議題的她，還成立台灣首家為女性發聲的電台「姊妹電台」。

身為雲林子弟，王麗萍認為家鄉既為農業之都，首先最應該關心友善土地的議題；而在地化的另一面向其實意味著「另類的全球化」，這些在地議題的討論在雲林都付之闕如。

她說：「沒有人做的部分，我們就來承擔，盡量連結大家的力量」，於是主推「生態、性別、另類全球化」三大議題的虎尾厝沙龍就此誕生，這家書店可說是王麗萍個人視野、歷練與資源的延伸。

作為一家獨立書店，虎尾厝沙龍不管在主題選書的經營、議題活動的舉辦甚至空間美感的營造上，成熟度都非常之高，絲毫不遜色於台灣任何一家獨立書店。事實上，就在

↑向南的廣緣寬達一百八十公分，並在屋外廣植高聳樹木防止陽光直射屋內。

↓一進門寬闊的中廊隔開各個房間，也兼作藝文展場與部分咖啡座。

我造訪後不久，就傳來它勇奪網路票選台灣獨立書店第一名的好消息。

十七世紀的巴黎有貴婦沙龍，藉由政經文哲的討論啟蒙社會思想；今日的雲林有虎尾厝沙龍，創造多元人文議題的思辨平台。有虎尾厝沙龍的雲林，讓我這個外地人羨慕不已。

↑整修時為檜木門窗去漆還原色澤與香氣，並請做木工的叔叔製作無釘榫接書架。

虎尾厝沙龍

◎餐飲、書籍、講座、音樂會
雲林縣虎尾鎮民權路51巷3號
05-631-3826
11:00~22:00（週一休）
http://www.huweisalon.com/about.html

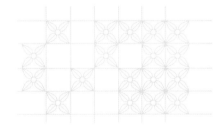

{南部}

嘉義【中山路】BLAXK Wedding、玉山旅社、檜意森活村

台南【北門路】衛屋茶事、台南知事官邸

台南【民權路】十八卯茶屋、B.B. ART

台南【孔廟周邊】木子到森、林百貨

台南【正興街】正興咖啡館、未艾公寓

台南【神農街】太古101、神榕147

台南【信義街】烹書、狐狸小屋

高雄【哈瑪星】打狗文史再興會社、書店喫茶一二三亭

屏東【青島街】小陽。日栽書屋

老院子1951

嘉義有所謂的「老」字輩老屋改造系列，老房子、老洋房、老鄰居……，各有特色，皆出自於同一群經營團隊。

嘉義市東區成仁街201號旁

05-227-1951

文化路夜市

嘉義市區最繁華熱鬧的街道，噴水雞肉飯、郭家粿仔湯、林聰明沙鍋魚頭、阿娥豆花都是名聞遐邇的道地老店。

嘉義市東區文化路（噴水池圓環旁）

無

二通六七二

70餘歲的日式木造老屋，由洪雅書房改造經營，有咖啡、小農產品和民宿。二通即中正路日治時期的舊名。

嘉義市東區中正路672號

05-225-7770

以嘉義火車站為起點，附近有嘉義鐵道藝術村、嘉義文化創意產業園區等老屋文創據點，取中山路往東走，這一帶即是民間經營老屋改造的密集地區。

行經噴水池圓環後，接續共和路往北，即來到檜意森活村、玉山旅社、北門驛等。嘉義市區老屋文創聚落的中心點恰好落在重要地標中央噴水池圓環。

交通資訊

・火車：搭火車或客運至嘉義火車站，或由高鐵嘉義站轉搭嘉義客運至火車站。

散步方式

單車。

北門驛

採用阿里山紅檜興建的和洋風建築，是全球僅存三大高山鐵路阿里山森鐵的起點，見證嘉義林業的黃金年代。

嘉義市東區共和路482號

05-276-8094

新高販仔間

於北門車站前，「販仔間」是台灣早期的簡易小旅舍。改造後展售古早玩具、零食、書籍與文創小物，氣氛懷舊。

嘉義市東區共和路406號

0921-555-212

屋子裡有甜點

隱身市區巷弄的老屋曾為日本皇軍俱樂部、永成印刷廠，裡面還保留印刷廠招牌和機具，成為一大賣點。

嘉義市東區成仁街209號

05-222-2643

特色老屋

BLAXK 布蕾可絲婚紗

↑老屋建於一九六二年，前身為三光電料行。
→如今懸上BLAXK布蕾可絲婚紗的招牌，老屋獲得重生。

多數到嘉義市區一遊的旅客，接近用餐時分莫不急於奔赴文化路熱鬧密集的美味小吃，而對和文化路交叉的中正路漠然視之，更不清楚，在光復初期後中正路也曾繁華喧騰一時，其盛況之於嘉義猶如迪化街之於台北。

若是五十年前走在這條路上，第一眼應該會被全嘉義第一間百貨公司「美源百貨」那摩登華麗的外觀所吸引，隔鄰的兩間街屋，則是「三光電料行」和「嘉義針車行」，以素雅淡美的和洋風情見長。

如今三間老屋只剩嘉義針車行容顏依舊；美源百貨刻正整修中，準備數月後作為旅社重新開張，令人期盼不已；三光電料行則已悄悄變身，成為一家既復古又新潮的商業攝影工作室「BLAXK-Wedding-布蕾可絲婚紗」。

↑大廳兼作門市和藝文展覽，到了晚上也能化身為Lounge Bar。
←撫觸樓梯扶手，磨石子表面細膩得令人連連讚嘆。

BLAXK由五位嘉義年輕人組成，創始人Black和Kurt在家鄉成長、負笈台北念書、工作，異地生活數年後，受到故鄉風土人情的召喚，於是選擇如鮭魚般毅然回流。

Kurt說，以前能住在嘉義中正路的人家非富即貴，看這間老屋的建築「手路」之細膩就可推知，當初屋主一定是下

↑從一樓抬頭看貫穿整棟樓的天井。
↗展覽空間以展示公益性質的在地藝文創作為主。

重本請來功力深厚的師傅，不管木造門窗、磨石子樓梯、貫穿中央的天井，都可以感受到那設計恢弘大氣，工法卻雍容細緻的特色。

BLAXK的攝影風格時尚前衛，屬於新世代的影像語彙，改造老屋時即決定走和本身風格搭配的工業風。一開始先化繁為簡，去除前房客施加的多餘裝潢，拆掉包覆合板和單調白色瓷磚；再加入工業元素，裸露磚牆、地板灌水泥漿、室內採鈷藍主調，並置入老診所報廢的手術檯、殺菌機，老屋裡的工業風至此成形。

聊到為什麼會選擇老屋作為創業基地？Kurt語重心長地表示：「從日治時代開始，嘉義文藝氣息濃厚，享有『畫都』的美名。但如今在大多數人心中，專屬嘉義的文化面貌

內部空間寬敞深長，作為展示間、攝影棚、辦公室等用途綽綽有餘。

↑Kurt站在二樓天井的走道。老診所的手術燈和書牆為空間增添亮點。

卻模糊不清，好像只成了雞肉飯和阿里山的代名詞。」

他認為，BLAXK從事的影像創作正屬於文化創意的一環，和銘刻人文歷史的老屋是相互呼應的。在這個空間裡，藉由人的活動再利用，文化得以從過去延展到未來，不斷創新、延續。

BLAXK-Wedding-布蕾可絲婚紗

婚紗／商業攝影、藝文展覽、酒類飲品
嘉義市西區中正路449號
05-225-5169
13:00~22:00（週一休）
http://www.blaxkgallery.com

↓從一家四十幾年老診所接收的手術檯，復刻舊時氛圍。

特色老屋
玉山旅社

←玉山旅社曾是讓攤販歇息、放置貨物的販仔間，有台灣早期旅社的雛形。

←今日重生為咖啡文創基地，期望從一甲子邁向百年時光。

北門驛從一九一〇年營運即成為阿里山鐵道的重要據點，到了一九六〇年代，車站附近因為林木產業磁吸大量人潮與商機，店家紛立，街市喧鬧紛騰。

當時，驛前的共和街有一座六連棟木造建築，最邊間開設玉山旅社，提供簡易設備以低廉費用讓往來小販住宿。後來，隨著林業與旅遊方式的改變，旅社和街廓日漸蕭條，數年前面臨拆除危機。

號稱濁水溪以南最活躍的社運書店「洪雅書房」房主余國信，就在此時跳出來，他說：「如果沒

↑這裡只採用來自雨林的公平貿易咖啡，受到遊客肯定。

有這一間旅社或這一排街屋的輪廓，就沒有辦法想像過去歷史的繁華。」

於是發動不保證回收的「傻子股」籌資搶修，有錢出錢，有力出力，玉山旅社終於在眾人心力之下，蛻變為咖啡店，兼營背包客棧、小農產品，儼然成為嘉義民間復興文化資產的重要範例。

玉山旅社

咖啡、餐飲
嘉義市東區共和路410號
05-276-3269
週一至週五9:00-19:00，週六至週日8:30-19:00
FB搜尋玉山旅社

↑↗二樓喝咖啡和聚會的榻榻米座位，到了晚上就化身為住宿通鋪。

↑ 全區面積約三點四公頃，以林森東路劃分為南北兩塊腹地。

特色老屋

檜意森活村

一百年前，火車喊洽喊洽忙碌地在阿里山鐵道奔轉，運送山上的檜木，也運送山下因檜木而來的人潮，為嘉義開啟了林業之都的黃金時代。

台灣第一座以開發林業為目的的官方宿舍群，即在北門驛附近誕生。一棟棟日式宿舍由阿里山檜木蓋成，有如檜木之村，因而有「檜町」的稱號。町內不但有各級主管和眷屬宿舍，連公共澡堂和娛樂招待所也應有盡有。

走過一甲子的時光，再歷經四個寒暑的規劃整修，檜町於今重生為二十八棟木造建築的「檜意森活村」。散步在古

↑民藝、植栽、骨董玩具、在地美食等創意商店，琳瑯滿目。

↗園區內的「morikoohii森咖啡」，被雜誌評選為全台十二間特色咖啡館之一。

↓ 拾級而上，由兩旁的拱門入口進入營林俱樂部。

色古香的日式園區裡，耳邊彷彿傳來那伐木丁丁、轟轟鬧鬧的舊時代聲響。

漫步到園區東側，一棟建造風格截然不同的歐式建築映入眼簾，原來是興建於大正三年（一九一四年）的「營林俱樂部」，它仿造十七世紀英國的都鐸建築，處處洋溢歐洲地方別墅的休閒風情，是提供給林業高級員工和招待貴賓的茶飲娛樂場所，由此可想像當時阿里山林業的規模之盛。

二戰後，轉換過幼稚園、杉木標售場地、法務部調查站、林務局員工宿舍等各種身分，由於在阿里山林業開發史上留下重大歷史意義，於一九九八年被認定為市定古蹟。

這棟獨特精巧的別緻建築，現今化身為藝文展覽場域，似乎總算找到了最符合它氣質的身分。

檜意森活村

⊚ 咖啡餐飲、特色店家、藝文展覽、創意市集
嘉義市林森東路1號
05-276-1601
戶外24小時，展館10:00~18:00（週一二休）
http://www.hinokivillage.com.tw

↑室內部格局簡潔明亮，活化為藝文展演場所。
↓↗營林俱樂部的雨淋板、屋頂小尖塔及入口凸窗，均屬英式都鐸風格。

台南・北門路

鹿早茶屋

衛民街小巷子裡的驚喜！和洋融合的典雅小茶館，置身其中彷彿回到了日本昭和時期，提供西式輕食和茶飲。

台南市中西區衛民街70巷1號

0919-633-225

台南文化創意產業園區

原為總督府專賣局台南支局，辦理菸草專賣事務。現由南台科技大學營運，推動文創群聚、舉辦藝文展演。

台南市東區北門路二段16號

06-253-3131

321巷藝術聚落

日治時期步兵第二聯隊官舍所組成的建築園區，目前由藝文團體進駐，可望成為台南新興藝術聚落及觀光熱點。

台南市北區公園路321巷

無

台南火車站所在的北門路二段一帶，日治時期曾興建不少公家機關，如今以電腦3C產品和書店、服飾業蔚為主流。

從台南公園出發，往南走，沿途會經過台南文化創意產業園區、台南火車站，接續前行左轉通過衛民街的地下道，可輕鬆抵達台南知事官邸。

交通資訊

・火車：台南火車站前站出口即是北門路。

・公車：搭乘國光、統聯、和欣等客運於兵工廠站下車，從公園南路步行5分鐘可抵北門路。

散步方式

步行、單車。

前鋒水餃之家

每到營業時分，附近居民和學生就自動坐滿桌位。口味新鮮樸實，像是每個社區都必備的典型麵食小吃店。

台南市東區前鋒路93號

06-237-0086

自由意志Free will

鐵道旁的老屋PUB，走鮮豔花俏復古風，邊喝調酒邊欣賞骨董玩具邊看火車轟隆隆經過的體驗別無二家。

台南市東區青年路232巷32號

06-275-1978

餐桌上的鹿早

老屋裡陽光透過木頭紗窗斜射進，日式食器的點點、線條、花紋，在光線的拂照下閃閃發亮，散發迷人風情。

台南市中西區衛民街70巷30號

0932-800-951

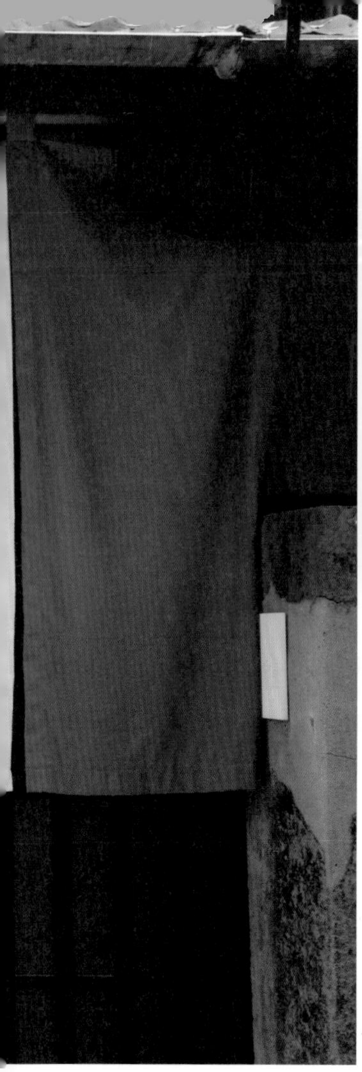

↑↓劉上鳴為客人製作和菓子與抹茶。

特色老屋

衛屋茶事

多麼幸運是在一個下雨天來到這裡，小巷裡的茶室被雨淋得濕漉漉地，這樣的雨中相見，似乎是更富有情調的開場。進入室內，和式空間素樸無華，霧面玻璃篩出一層薄薄的日光，像是穿越歲月而來的自然光暈。

時間推回到一九二〇年代，日本政府在火車站周圍興建公家機關，鄰近這一帶則被規劃為公務員宿舍區，茶室的建築屬於四連棟屋舍。國民政府時期，這裡輾轉成為中華日報宿舍。二〇一一年，皮件創作者劉上鳴來到這裡找房子，一看見小時候住過的日式老房

↑黑白色調的外觀簡約內斂，老屋蹲踞窄巷中散發獨特靈光。

↑

即滿心歡喜租下，老房子的新生命於焉展開。

那時四連棟的第一棟早已拆毀，劉上鳴承租的二、三棟則有很多外加的裝潢，於是他便先動工拆除多餘夾板，重現房子原始結構，再將格局褊窄的兩棟空間打通。

劉上鳴認為，老屋改造領域日漸熱絡，加諸經營者本身創新想法的範例比比皆是，他則傾向忠於原味的做法，盡量

↑素樸無華的和室空間，透過雪見障子，猶如攤開卷軸一般欣賞黑松蒼勁的身影。

復舊與遵循傳統。因此他認真研究相關資料，意欲打造一個較為原汁原味的茶室。

「幸運的是，日本人民族性規矩守舊，連蓋房子也按照基本尺寸殊少變化，因此，特地跑到日本關西一帶舊木料行、古董家具店找的古舊門窗，都可以尺寸不差地和老房子順利接合。」

為呼應復舊主軸的日式空間，劉上鳴特地選擇日本茶與和菓子作為經營方向。他與味

↑↗茶道具和洗滌器具的水屋各據屋內一隅。

盎然地說，和菓子的材料非常簡單自然，卻能創造出數百種變化，體現人對四季與自然事物的觀察，有托物寓興之妙，也成為他在皮件之外的另一創作重心。

衛屋茶事的「茶事」二字在日文中意謂和茶相關的事物，劉上鳴說：「我期待這裡成為一個基地，舉凡和茶有關的事物，茶道、和菓子、花藝、音樂等日本優質文化，都可以在這裡被討論、被呈現、被發生。」

聽完主人和房子的故事，雨也停了，坐在榻榻米上透過雪見障子（註）凝望庭園，黑松蒼翠孤挺的姿態襯以皚皚白牆，彷如一卷舒展開來的水墨畫，描繪著屬於京都式的禪境。

註

雪見障子：日式拉門下半部採透空材質，以便坐在屋內時欣賞雪景。

↓皮件作品盈溢簡約美感，是不設限使用目的的貼身好物。

衛屋茶事

- 日式茶飲、和菓子、皮件、藝文活動
- 台南市北區富北街72號
- 0926-251-122
- 13:00-19:00（週三不定休）
- FB搜尋衛屋茶事

↑官邸為二層樓磚造建築，四周有拱廊環繞，被譽為台南第一磚造洋房。

特色老屋

台南知事官邸

坐在1900 Café裡，自然光透過拱窗流洩直下，悠揚的音樂聲縈繞室內，頭戴扁帽頸繫領結的服務生端來一盤焗木瓜海鮮義大利麵，焗烤鮮香撲鼻、海鮮用料十足，叉起一塊木瓜，入口滿嘴甘甜……但是，這家咖啡店和義大利麵，跟我今天造訪的知事官邸究竟有什麼關係？

把時光倒帶回日治時期：明治二十八年，台南設縣，主要管轄台南至屏東一帶，縣知事的住處即為台南知事官邸。根據棟札（註）記載，完工日期為明治三十三年（西元一九〇〇年）。建築平常作為官邸使用，日本皇族來到台南也會下榻此處。

一九二三年四月二十三日，未來將成為日本天皇的裕仁皇太子，乘坐氣派的黑頭車，風塵僕僕來到這一幢豪華精緻的磚造洋樓，這是他在台南的御泊所，結束一整天視察行程後的休息過夜之處。

仿羅馬風格的知事官邸主體建築規模不大，但仍不失華美尊貴的風範。四面設有拱廊，中央與兩邊以三個拱圈突出組成八角狀，拱柱紅磚外露搭配白灰泥，紅白相間美麗細緻。正中央山牆原有報時鐘，被當地居民稱為「時鐘樓」，可惜已於戰時毀損。

除了裕仁，還有將近二十位皇親陸續造訪知事官邸，創下日本皇族在台投宿次數最多的紀錄，官邸因之成為台灣日治歷史的重要見證者。

歷經國民政府掌權，官邸數度變更用途後，由台南市政府維修整理成現貌，再轉交高青時尚集團經

↑以知識為主題之一的知事官邸，一進門就有整面巨大書牆迎接來客。

↑官邸內的1900 café復古優雅，在此可享受靜謐悠閒的下午茶時光。
↓館內保留皇太子裕仁休息的房間，擺設如同當年一般。

營，重新注視空間曾走過的歲月記憶，打造官邸成為新興藝文場所。

由於落成於一九九〇年，遂有了紀念建築年份的1900 Café；而皇太子在訪台行程之中嗜食台灣出產的木瓜，因此推出以木瓜入菜的義大利麵。此外，還結合文化與建築特色，設計許多富有巧思的文創商品。

回顧過往的歷史記憶，展望未來的文創藍圖，改變的原意，並非將過去拋在腦後，而是作為養分持續積蓄文化資產。

走出官邸，外面豎著一塊鐫刻「時鐘樓」圖樣的金屬立牌，對準官邸便可模擬昔時完好模樣。我舉起相機，攝下一個美麗的想像。

註

棟札：日本建築習俗，於房屋主體結構完成當天，在主樑上懸掛或釘上木板，記載祭祀神明、建造過程、上樑時間、工程人員等資料。

↑二樓拱廊戶外咖啡座，春、夏可觀賞庭前苦楝、九重葛繁花盛開的美景。

↓展售各種以台南古都和知事官邸為主題的限量文創商品。

台南知事官邸

咖啡餐飲、文創商品、書籍、藝文展演

台南市東區衛民街1號

06-236-7000

10:30-19:00（週一休）

www.otmr.com.tw

台南・民權路

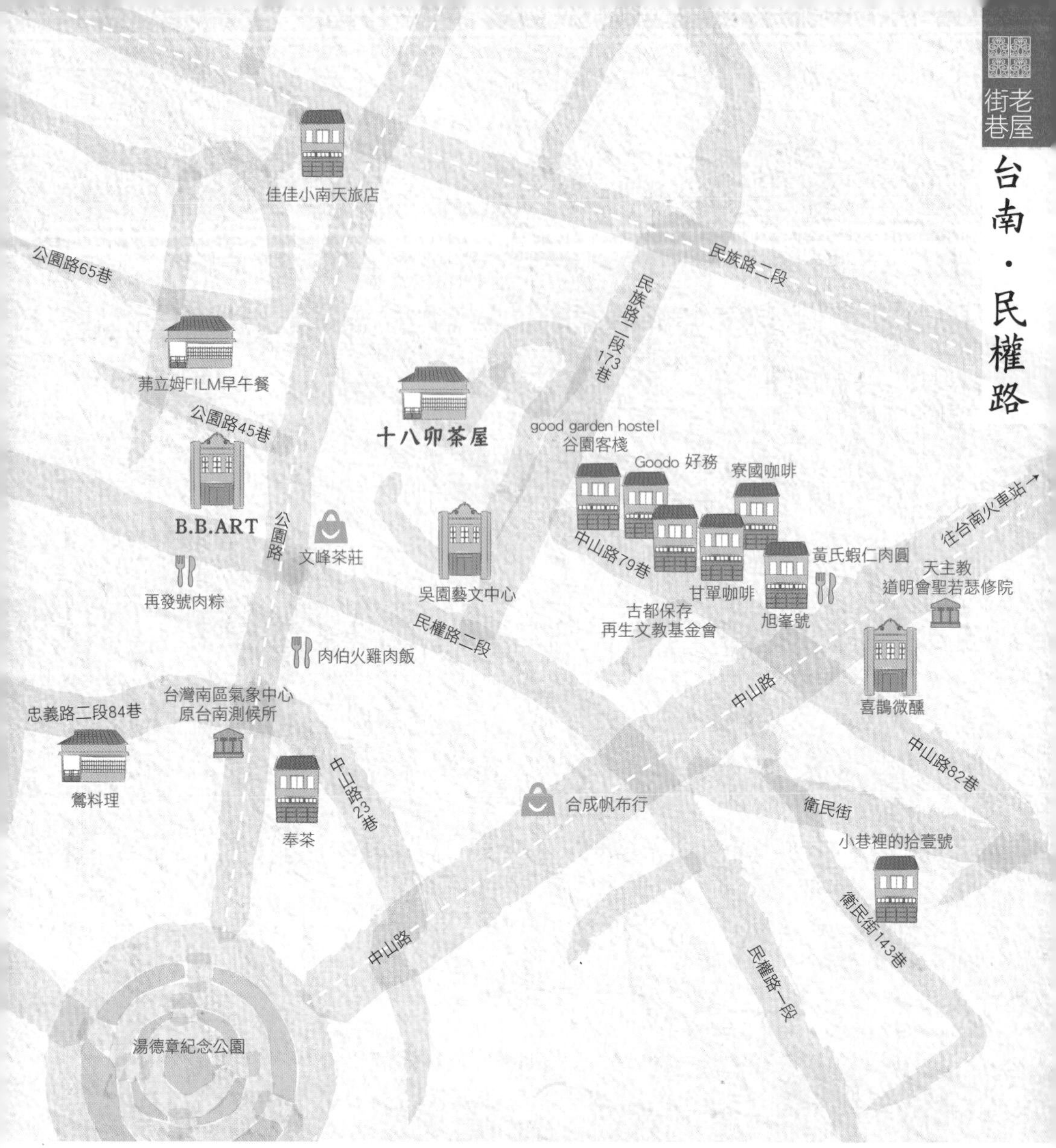

喜鵲微醺

小巷裡精緻迷人的日式洋房咖啡，走上閣樓，幾何造形門窗和牆壁裝飾竟是濃厚的中國元素，令人驚喜不已。

台南市中西區中山路82巷6號

06-223-5960

甘單咖啡

喜愛老東西的老闆蒐集舊窗框組成咖啡店的門窗，在有廟埕的小巷裡成為一幕獨特的風景。

台南市中西區民權路二段4巷13號

06-222-5919

合成帆布行

60年帆布老舖，包包顏色獨特、設計簡單耐看，在這裡想挑到一款喜歡的款式不是什麼難事。

台南市中西區中山路45號

06-222-4477

民權路堪稱台南中西區文藝復興的重鎮，老屋改造店家的密集度相當高。分布範圍大致以吳園藝文中心（原台南公會堂）所在的民權路二段為中心，連接俗稱「七娘媽巷」的中山路79巷、82巷，再擴展至鄰近的公園路。

交通資訊

・火車：於台南火車站出站，沿中山路右轉民權路步行11分鐘可抵吳園藝文中心。

・公車：在台南火車站搭1號或藍幹線公車可抵吳園藝文中心。

散步方式

步行、單車。

黃氏蝦仁肉圓

在地人的美味！位於和林百貨一樣老的建築物「旭峯號」旁，老闆每天清早到市場有買到新鮮火燒蝦才會開。

台南市中西區中山路79巷2弄1號

06-228-0568

鶯料理

前身是日治時期政商名流交際應酬的高級料亭，扮演著「地下決策中心」，現今開放大眾自由參觀。

台南市中西區忠義路二段84巷18號（氣象中心旁）

台灣南區氣象中心

日治時期五處測候所中僅存的一棟，因建築特色被暱稱為「胡椒管」。今提供古蹟展示與氣象導覽。

台南市中西區公園路21號

06-345-9218

↑十八卯茶屋前身為料理亭「柳屋」，是台南市僅存少見的日治時期食堂。

←店名來自前屋主柳下勇三的「柳」字，門口並陳新舊招牌呈現歷史意義。

特色老屋

十八卯茶屋

即使已經來過好幾次，一走到吳園前，還是會仰頭對台南公會堂後期文藝復興式建築的恢弘氣派讚嘆不已。日治時期，這裡可是台南達官貴人舉辦宴飲集會的重要場所，遙想當年冠蓋雲集、杯觥交錯的盛況，自有一番樂趣。除了公會堂，吳園裡還能欣賞到另外兩種截然不同的建築風情，包括西側的日式木屋，和後方的中式庭樹。

沿著著鳳凰樹迤邐的樹影散步到木屋前，一株高大茂密的龍眼樹緊挨著門，門上懸掛著幾塊木牌：「柳下」、「柳屋」和「十八卯」。

↑主持十八卯茶屋的葉東泰先生，長年以來對於茶飲文化著力甚深。

推門而入，店主人葉東泰先生正在自製的茶車上泡茶款待來客，就像在自家客廳和朋友閒話家常般輕鬆。請教葉先生關於老屋的年紀，他表示：「這棟房子早在一九二九年當時的地圖上就有了，所以可以確定它的年紀至少有八十六歲。」

若要再深入追查它的身世，得來到日治昭和時期，當時這一帶開始興建都市建設，提供市民現代化的聚會場所，如台南公會堂、四春園旅館，順勢催生了鄰近的餐飲需求。一九三四年，日人柳下勇三便在此處開設料理亭「柳下食堂」。

國民政府來台後，曾徵收轉作官兵與公家宿舍，後來不堪使用荒廢閒置。近年經政府翻修整理，葉東泰透過BT方式進駐，開設以台灣茶飲為主軸的人文茶館。

↘日人引進的雨淋板構造，曾經廣為流傳，現已十分罕見。

↓結合台南文化意涵的各類茶商品，琳瑯滿目。

↑內部空間寬闊通暢，低矮的窗戶暗示從前榻榻米的視線高度。
←每年舉辦「儉茶寫歌詩」活動，邀請大家歌詠台南、封藏茶葉，留待二十年後回來品嘗。
↙二樓重新鋪上在地老店泉興製作的榻榻米，許多台南重要藝文活動在此進行。

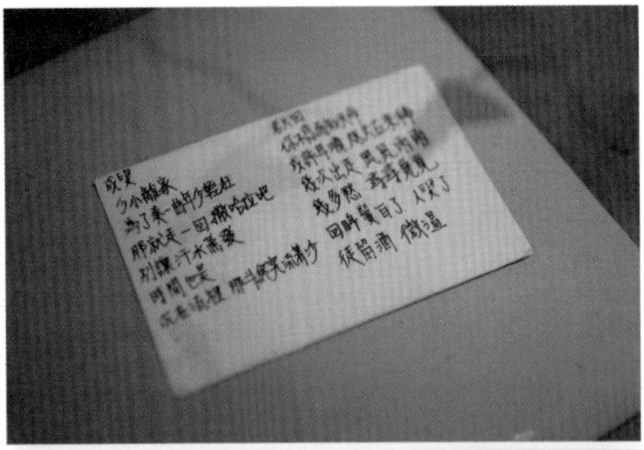

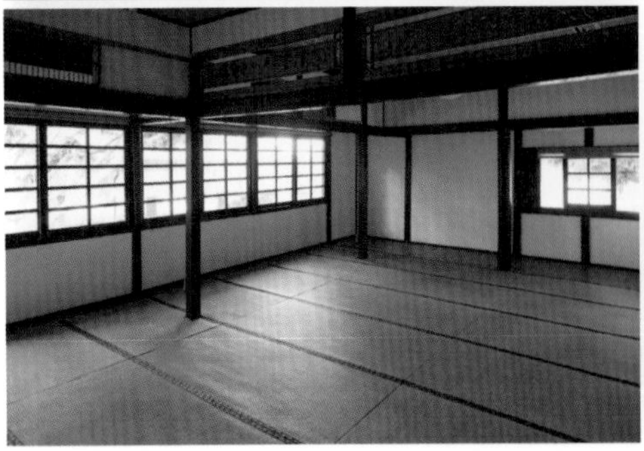

葉東泰說：「我重視喝茶、講究茶葉、泡茶的動作和道具，這些從茶裡面所展現出來的人文生活。」一樓空間改置木桌藤椅，日式空間與台式家具的配搭，揉合成一種古老而親密的氛圍，彷彿置身某部懷舊電影的場景。二樓仍保留榻榻米，時常舉辦茶會、在地生活讀書會等，緊扣著茶與台南兩大主題的藝文活動，各方文化人士與在地居民頻密互動，好不熱鬧。

如果你看過之前老屋破敗不堪的歷史照片，就會跟我一樣驚嘆與欣慰它現在的改變，日本老建築的軀殼，由今人灌注在地文化的內涵，老屋終於在新舊交融中迸發出與時代並進的活力。

↑↓店裡大量展示與茶相關的器具、文物，儼然一座小型茶博物館。

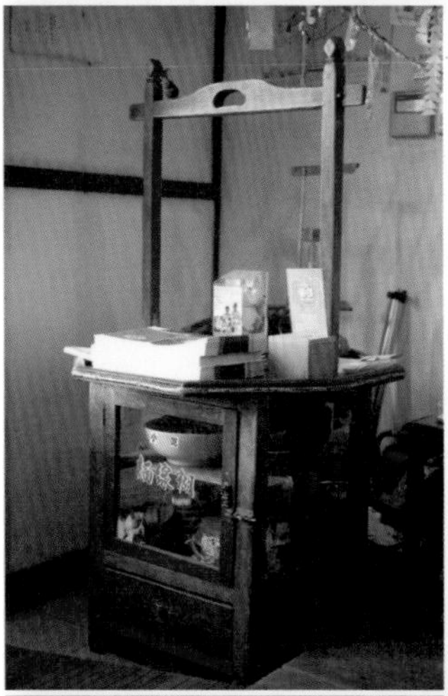

十八卯茶屋

◎ 茶飲、輕食、藝文展演、茶相關活動
台南市中西區民權路二段30號
06-221-1218
10:00-20:00（無公休）
FB搜尋奉茶・十八卯

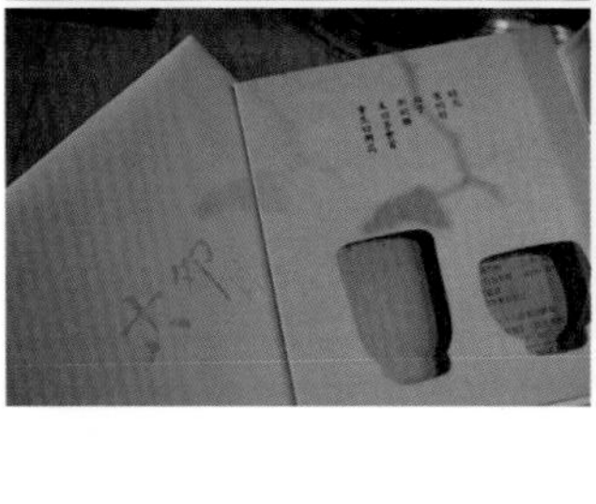

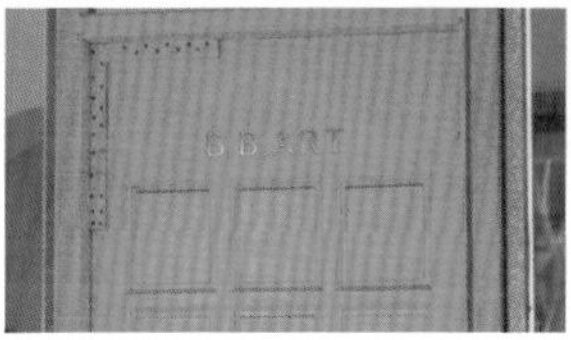

↑外牆上銀色的「美」字，標誌著房子與美國的淵源。昔日台南第二間百貨公司變身為當代藝術空間，繼續引領新潮流。

特色老屋

B. B. ART

每一次追尋老屋改造的過程，總不免好奇現任經營者接手老屋的緣由，究竟是老房子的獨特風情讓人無法抗拒？還是冥冥中自有注定的緣份牽引？

聽起來像是一個浪漫的邂逅，當杜昭賢來到這棟日式洋房，陽光正好穿透木窗灑落在地板上，那幾何造形的光影讓她瞬間想起蒙德里安的畫作，她很感性地說：「我是因為那

↑B.B. ART負責人杜昭賢自海安路藝術造街起，即是台南改造舊空間的領先人物。

→中庭被前屋主包覆起來以增加營業面積，現在終於重見天日。

個光才決定進來的，那道光影給我很大的感動。」於是她決定承租下來經營當代藝術空間。

從整理老屋的過程，她一點一滴地了解屋子的過去。去除牆上髒污時，她刷去了家飾店名字的油漆，清理屋頂時，她翻出了證券公司的招牌。但這些痕跡，在老屋的歷史中只算是近代史，那麼，更早之前呢？

天底下就有這麼巧的事，現任屋主雖然和老屋的過往沒有關連，也不清楚歷史，這時卻有一位親戚跳出來說自己年輕時在這裡工作過，據他所說，這房子頗有來歷，它曾是台南第二家百貨公司「美利堅」華洋百貨，開設時間只比林百貨晚一些，一、二樓專賣美國商品，這也解釋了，為何房子外牆上有一個「美」字徽飾。

老屋傳奇到這裡還沒結束，原本三樓有一個小吧檯，當杜昭賢翻開地毯清洗地板，竟然浮現出一個藍底白星軍徽，類似「美國隊長」盾牌的圖案。經住過附近的長者證實，兒時周末常有美

↓扶手梯牆上的圓孔具備裝飾、通氣與採光功能。

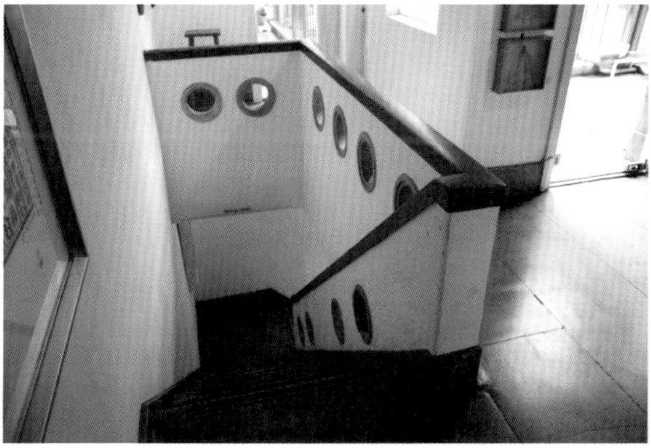

軍出入這裡，因此推測三樓應該是專門招待美軍的私人俱樂部。

既然房子和美國淵源不淺，杜昭賢希望新名字中有一個「美」字，「B.B. ART」就此誕生，意為「Beautiful Building of Art」。至於舊空間如何和藝術做結合？她說：「有一面牆，前人拆除木梯的痕跡還在，我覺得看起來很美就保留了下來，很妙的是，我發現這樣的空間會和藝術品產生對話的趣味，呈現出一種特別氛圍。」

B.B. ART不只讓大家重新注目這一棟美麗的房子，也期許成為推動當代藝術的平台，採取複合式經營、舉辦有趣的講座和活動，讓大眾輕鬆入門藝術領域。下次當你經過B.B. ART，就推開它那道繽紛的桃紅色大門吧！你不但會感動於老屋的改造成果，也會發現當代藝術原來不難接近。

↑牆面保留前人拆除樓梯的痕跡，和藝術品產生對話趣味。

B. B. ART
藝術展演、咖啡、輕食
台南市中西區民權路二段48號
06-223-3538
11:30-20:00（週一休）
FB搜尋B. B. ART/www.bbart.com.tw

↘木頭地板上藍圈白星的美國軍徽令人驚豔，令人遙想那時美軍駐台的情景。
↓清理牆上朽壞的水泥露出磚面，還原建物舊貌反而成就獨特空間。

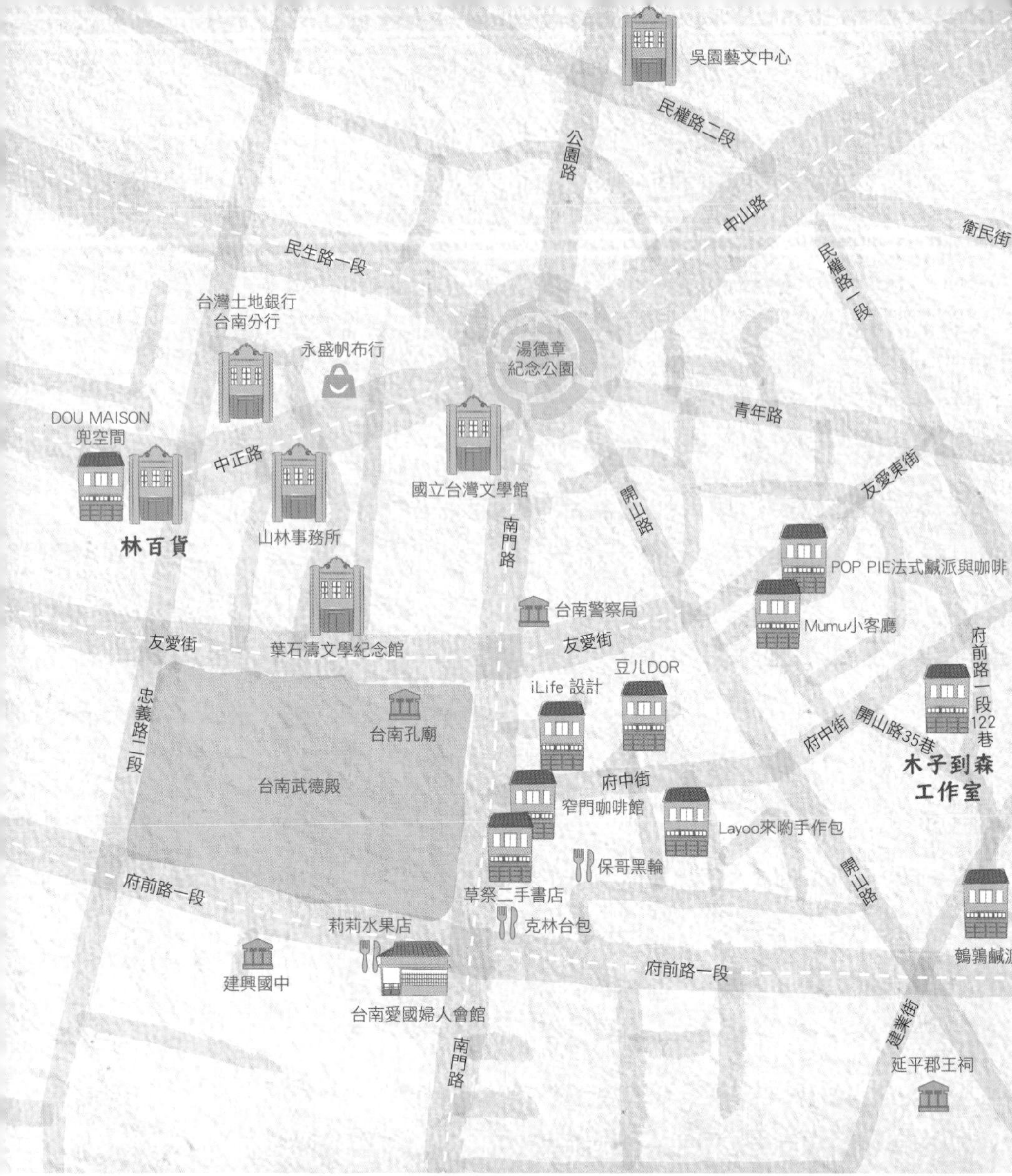

府中街

由孔廟旁泮宮石坊進入，充滿人文藝術氣息，巷弄間隱藏著iLife、豆儿、Best Friend、來呦LaYoo等老屋文創小店。

台南市中西區府中街

無

台南孔廟

1665年明鄭王朝興建，是全台第一座文廟，開創台灣文教先河。園區內建築群規模宏偉，參天古木綠意深幽。

台南市中西區南門路2號

06-228-9013

國立台灣文學館

原為日治時期台南州廳，馬薩式屋頂和兩側衛塔氣質華麗雄偉，現今轉作台灣文學主題展覽館。（許芷婷攝）

台南市中西區中正路1號

06-221-7201

這一條老屋散步路線，大致以孔廟為中心點，輻射範圍包括孔廟北側的中正路及友愛街、東側的南門路及府中街、南側的府前路、西側的忠義路二段，步行都可以輕鬆抵達。

交通資訊

・公車：搭1、2、6、7、10、11、88號公車至孔廟站。

散步方式

步行、單車。

莉莉水果店

光復初期，老闆的長女莉莉在美軍俱樂部購得稀有果汁機，賣起新鮮果汁一炮而紅，成為府城知名冰果店。

台南市中西區府前路一段199號

06-213-7522

台南愛國婦人會館

日治時期日本婦女團體於台南設立的支部，為和洋建築，今整修作為「文創PLUS-台南創意中心」。

台南市中西區府前路一段195號

06-214-9510

草祭二手書店

舊書、老屋，以獨特大膽的空間設計美學，巧妙演繹全新人文場所，近年來已列入文青一族台南旅遊朝聖名單。

台南市中西區南門路71號

06-221-6872

特色老屋

木子到森

←木子到森這棟四層樓透天厝，鐵窗花造型繁複，氣質優雅無比。
↓李易達利用回收木料組合打造成外部樓梯的入口大門。

今天要拜訪的是木子到森，一位南台灣小有名氣的年輕木器具創作者，他的作品透露溫潤的質感，讓人很容易親近。

順著蜿蜒曲折的巷子往內走，才發覺裡面的世界別有洞天。兩旁住家郁郁茂茂的花草、樣式秀氣的木門木窗、古老圖案的鐵窗花，構築出一片美好的小天地，簡直可以成為台灣民間美麗巷弄的典範。

看到木子到森的工作室了，一棟相當別致的老房子，

←李易達創作的燈具、家具，和老屋的磨石子樓梯、鑄鐵扶手氣味融合。
↓四樓磨石子地板的水果圖案，銘刻老房子過往的生活印記。

四層樓透天厝，開放式的樓梯獨立在側邊，以水泥花磚和鄰家相隔，黃褐色洗石子牆鑲嵌白色鑄鐵窗花，渾身散發優雅的氣息。

主人李易達，如同他的作品特質一樣平易近人，很客氣地和我聊著房子的特色：「這棟房子的年紀大概有五十歲，算是一九六〇年代的和洋混合風住宅，最特別的是每一層樓的機能都是完整的，都有廚房、衛浴和獨立出入口，屋主兄弟姊妹各住一層，彼此之間互不干擾。」

不僅十分講究建築外觀和功能，細看室內設計也花了不少心思。由於屋主以水果批發為業，至今四樓的磨石子地板還鑲嵌著水果圖案，造型古樸靜美，讓人不禁想像起昔日經商的繁華。

木子到森進駐後，顧及一

←水泥花磚牆面下展示著李易達各時期的創作。
↓↓展示空間的木門部分改嵌玻璃，增加視覺和光線的通透。
↓李易達在一樓的工作室進行創作，作品揉合木材的溫潤與科技的精巧。

樓畢竟是展示和販售木作器具的營業空間，因此將大門部分木板改成玻璃，與拆除玄關的鐵窗花，減少住家式的隱密感，讓空間更為通透明亮，原始格局大致沒有更動，每隔一陣子藉由改變牆面油漆顏色或家具配置來營造新鮮感。

水泥花磚牆的展示空間

裡，擺放著李易達各個時期的木作，檜木質感圓潤豐厚，作品線條呈現童稚的趣味，各式動物造型的燈具發出亮光，宛如一隻隻溫暖迷人的小獸。

他秉持「不希望有任何一棵樹因我的創作而倒下」的理念，從台南各地回收老舊家具再拆解進行創作，這樣的再利用思考和選擇舊空間的經營型態不謀而合。

為一歲多的女兒研發的燈具，只要放上小木塊即可啟動燈光，讓孩子在互動之下刺激觸覺發展，雖然沒有行銷，市場反應還不錯。我想，抱持這樣平實自然的初心，也許正是美好設計的根本之道。

↑↗啟動開關後，燈具緩慢地漸次發出光亮，像是在傳達生命的訊息。

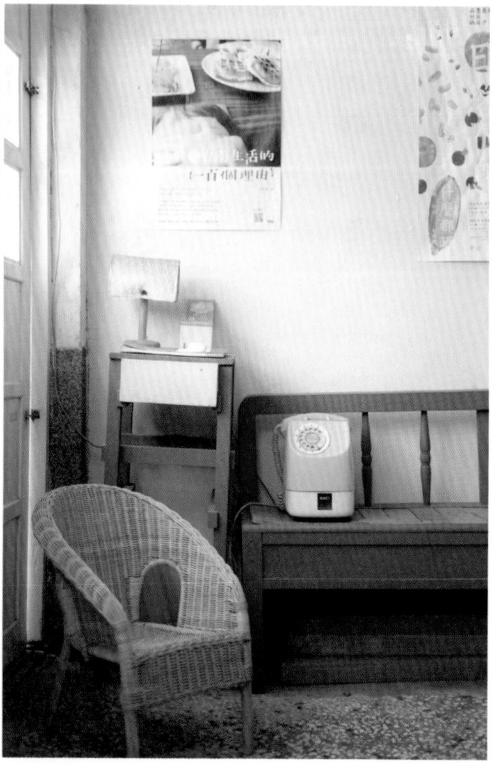

木子到森

◎ 木作、工作室

台南市中西區府前路一段122巷81號

0918-878-080

14:00~8:00（週三~四休）

http://mozidozen.com

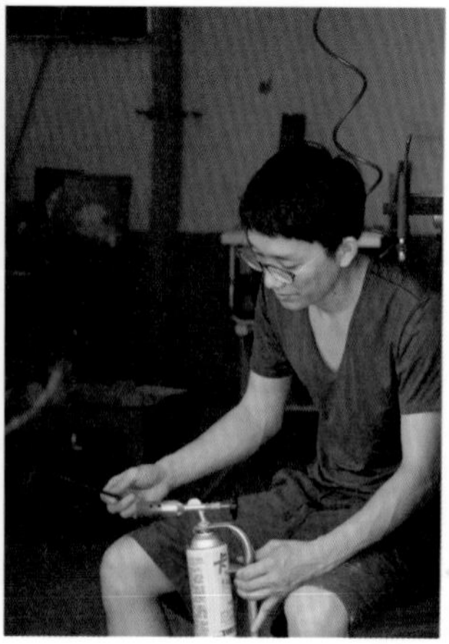

↑林百貨只比台北的「菊元」晚兩天開幕而位居全國第二間百貨公司。

特色老屋

林百貨

一九三二年十二月五日，位於台南末廣町的林百貨一開張，聚攏在門外的民眾便迫不及待蜂擁而入，一踏進金碧輝煌的華麗大廳，每個人莫不睜大了雙眼……

年輕女生忙不迭地擠到櫃位前競相爭看舶來化妝品，家庭主婦尋思是不是先到二樓看看家庭雜貨，再去三樓剪塊中意的布料，坐辦公桌的文員逛到四樓挑選鋼筆墨水，五樓則有供應時髦西餐的洋食堂，讓人想嘗嘗新鮮。

林百貨被暱稱為「五棧樓

↑一樓柱頭的水平紋樣裝飾並非標準西方古典柱式，屬於變體風格。
↖這座轟動南台灣的第一台電梯使得「第一俗，戴草笠仔坐流籠」的俚語廣為流傳。
←八十多年前建造的柱子、天花板弧線轉角採用當時最先進的工法。

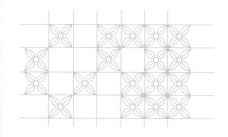

仔」，由日本商人林方一招攬總督府技師梅澤捨次郎，立意蓋出一間最頂尖的百貨公司。這棟其實是六層樓的建築，樓頂設有瞭望台、機械室和稻荷神社。在建築材料上，採用當時剛引進的RC鋼骨鋼筋混凝土技術。在造型設計上，受到樣式建築影響，立面則帶有折衷風格。

外表鋪設黃褐色面磚，屋頂女兒牆呈現漸次下降的階梯狀，頂部有飾帶環繞整棟建築。中央轉角處理成截角立面的主入口，二至六樓以圓窗和方窗妝點外觀。一樓大廳的四根圓柱具有裝飾藝術風格，下方有磨石子材質溝紋，工法十分講究，地板覆以彩色拼花磨石子地坪，整體風格摩登氣派。

林百貨所在的末廣町，就是今天忠義路與中正路一帶，

除了林百貨，兩翼延伸出去還有統一蓋成三樓高的店舖群，建築式樣一致，是台南首條經過整體規劃的街道，繁華與盛的程度贏得「小銀座」之美稱。

二戰開始後，歷經歇業關門、轉由台鹽、空軍、警察等公家機關使用，爾後閒置荒廢約三十年。二〇一〇年起負責修復工程的徐裕健建築師說，剛進來看時根本是個廢墟！因此不管是重新製作仿古的窯變

↑內部展售各式各樣結合文化趣味的創意商品。

磚、露台圓形木窗的卡榫、洗石子雕花、彩色地坪、霧面玻璃燈……都面臨非常大的挑戰。

徐裕健感性地表示：「一個老房子的整修，其實不是一個空殼子的文物保存，它回復的是在地市民潛藏在心裡的那個夢、過去的驕傲。」二〇一四年再度以文創經營的型態風風光光開幕，林百貨終於能在未來繼續傲立於街口，散發屬於老台南的榮光。

林百貨
◎ 文創商品、餐飲
台南市中西區忠義路二段63號
06-221-3000
11:00-22:00（無公休）
http://www.hayashi.com.tw

↘頂樓的八角瞭望台以拱橋和神社連接，是電梯井及機房的空間。
↓整修時特地採用窯變工法以燒製外牆的溝面磚。
↓↓透過電梯井的圓孔窗增加電梯採光。

↑二〇一四年重新開幕的林百貨迅速成為台南老屋文創的代表性據點。

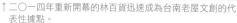

↘昔日開門前工作人員會在頂樓的神社祈福，這是台灣僅存商店建築內的空中神社。

↓圓木窗的卡榫構造工法相當複雜先進。

阿婆魯麵

台南人在神明生、嫁娶時的傳統美食，一大碗公滿滿旗魚肉羹、蘿蔔、扁魚等好料，譜出鮮美的海陸滋味協奏曲。

台南市中西區國華街三段52-1號

06-220-4090

西門商場（西市場）

建於日明治38年，曾是台灣最華麗的市場建築，現在以布莊為主，也有不少知名小吃如八寶冰、小卷米粉等。

台南市中西區正興街與西門路二段交叉口

無

佳佳西市場旅店

1970年代台灣第一位女建築師王秀蓮設計的佳佳大旅店，重新打造為在地人文主題的新潮設計旅店。

台南市中西區正興街11號

06-220-9866

正興街老屋改造聚落的範圍，大抵從西門路二段迄海安路交叉口，雖然不過三百公尺長，但因不時舉辦小屋唱遊、發行正興閒雜誌等富有趣味的造街運動，成功營造熱門話題，吸引無數前來朝聖的文青男女。

交通資訊

・搭車：於南站搭2號公車至郭綜合醫院，或搭3號、5號公車至西門路麥當勞，下車後步行皆可抵達。

散步方式

步行。

彩虹來了

網路服飾品牌的實體商店，老闆是正興街的靈魂人物，召集舉辦許多有趣的街頭活動，並創立《正興聞》雜誌。

台南市中西區正興街100號

06-220-2868

蜷尾家甘味處

開店後即引爆全台超商霜淇淋熱賣潮，2015年赴東京參加世界冰淇淋比賽榮獲亞軍，你說來正興街能不吃嗎？

台南市中西區正興街92號

無

沃木&好皮工作室

泰成水果店旁邊的小巷裡，有家做木工和皮件風格獨特的工作室，屋裡還有老榕樹恣意攀爬百年古屋生長的奇景。

台南市中西區民生路二段69號

06-221-1618

↑很難想像，散發雅緻氣息的正興咖啡館曾作為人力車出租行使用。

特色老屋

正興咖啡館

正興街很有可能是台南現在最夯的熱門景點，每次來到這條短短不過三百公尺的街道，週末可以用「人滿為患」來形容這兒誇張的人潮，就連週間也常有成群遊客晃蕩蹓躂。

街邊立著一棟門面精巧的民宅，似乎蹲踞角落平靜地看待來往人潮。碧藍色木門木窗、灰白洗石子牆、水泥花磚小露台，處處流露不經矯飾的常民住宅之美。大門上緣一個工整的「曾」字，暗示老宅來自曾氏家族的淵源，據稱房子建於民國三十四年，算起來正值花甲之年。

現在的經營者並不姓曾，承租改造之後成為富有藝文氣息的咖啡店。店名也依照一般傳統店家的取名方法，直接沿用街名，一如它那平實樸素的外表，甚至連塊咖啡店的招牌都沒有，好像和原來的面貌沒有多大差別，可以就這樣融入街道原本的風景。

這間老屋的改造設計工程，出自打開聯合工作室建築師劉國滄及設計師蔡佩烜的手筆，這裡同時也是打開聯合的最初發祥地，台南幾間頗受好評的老屋改造，如安平樹屋、藍晒圖、佳佳西市場旅店等，皆誕生於此。

一進門，醇厚的咖啡香藉由冷氣氣流傳遞到各個角落，在大

↖以老木窗和鐵花窗營造吧檯的懷舊風味。

→在紅磚牆的包圍下對坐飲茶，特別能引發思古之幽情。

太陽底下薰曬已久的腦袋，瞬間也像吸取了咖啡因一樣振奮起來。幾扇舊木窗和鐵花框圈出吧檯富有氣氛的一處小天地，工作人員在其間周旋往來料理餐飲。

擺滿文創小品的手工木架前，兩三個香港女生專注挑選，你一言我一語地討論挑哪個好，還拿起介紹府城旅遊的書翻了又翻，最後選定幾張老屋彩繪的明信片，要寄給家鄉的親友。

座位區被氣氛古樸的紅磚牆圍繞，日光透過天窗流瀉而下歲月的光輝，映照在來客的面容上、身影間。人們聊天喫茶、言笑宴宴，百年前的人們如此生活，百年後的我們還是一樣，在忙碌之中偷閒品味片刻的悠閒。

時間長河潺湲流過，古磚牆、老木窗、小閣樓，家訓

↓拆除一樓天花板後留下的橫樑孔洞。
↘挑高的屋頂，木樑結構一覽無遺。

↑穿過咖啡館可到達後方的民宿，只對入住客人開放。

「正直」兩個大字躺在磨石子地板上，屬於舊日的生活情調，彷彿一方靜止的光陰，可以輕易隨手掬取。

↑手工木架上擺滿和台南相關的刊物與文創商品。

正興咖啡館

◎ 咖啡、住宿、文創商品
台南市區國華街三段43號
06-221-6138
周一~四09:00~19:00 周五~日09:00~22:00
FB搜尋正興咖啡館

↑未艾公寓的彩色窗格在晴空下特別耀眼，是小巷裡的亮點。

特色老屋

未艾公寓

照著地址狐疑地鑽進正與街狹窄迂迴的巷弄，一棟綴滿黃、藍、綠彩色窗格的建築物忽地拔地而起，好似蒙德里安的抽象畫跳出了紙面，被立體化凝鑄在實體空間裡。門口赭紅色的鐵牌浮嵌著「未艾公寓」，是方與未艾的意思？還是為愛而生？這裡是公寓？還是咖啡店？

成長於台南，工作在台北的克里斯，平常放假就愛回老家逛，一次閒晃時發現巷底的這棟老房子。房屋仲介說房子已經有四十九歲，數十年來作為出租公寓使用，克里

↑56 DECO展售國內外老件家飾的手工融合創作。

↑設計風格師法Ace Hotel一九六〇年代美國東岸生活的自然優雅。

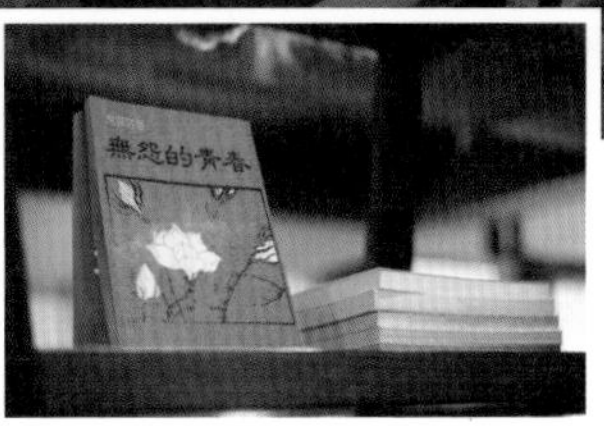

←↑咖啡空間以閱讀為主題，曾經熱切捧讀的書籍是人生旅途上的心靈伴侶。

斯一聽到就覺得「酷！」。

出租公寓的概念在那時代算是先驅，這讓他想起紐約一家由庇護所改建的知名旅館「Ace Hotel」，他想，這棟出租公寓不也像是在各種時候，提供給前來住宿的人們一個庇護嗎？

因此，二〇一三年買下房子整理時，克里斯決定延續房子原有的故事，二、三樓仍是出租公寓，一樓則劃分三個區塊：56 DECO家飾品牌、閱讀咖啡和微藝廊。

至於，新空間要如何與房子的過去產生連結？克里斯和員工一起挑選出台灣五十位文學家的作品，藉由緊扣以「人」為主題的閱讀咖啡，呼應出租公寓曾經人來人往的空間故事。

微藝廊一年辦理六檔展覽，受邀展出的藝術家全來自外地甚至國外，並提供免費住宿。為什麼不推介在地藝術家？克里斯說：「台南的藝文創作已經很強大，我覺得不能只強調本土，也應該和外界的藝術能量交流，

↑未艾公寓歡迎創作者以有關台南的藝文創作來此交換住宿。

不斷地揉合Global和Local，這就是我想做的事。」

我問起「未艾」的意思，他笑笑說其實來自《詩經》的「夜如何其？夜未艾」，取其「未盡、未完」之意，希望來到這裡的客人，不只享有一時半刻的歡愉，而能擁有一個長長久久的美好記憶，有這樣深遠的意涵。

他停頓了一下想想，接著說，就像門口那株四十幾歲的西印度櫻桃樹，生長於他的眷村老家前，陪伴他度過青春年少，對他而言有重大的象徵意義與情感。當眷村拆除時他堅持移植過來種在門口，在這裡生生不息。

陽光下的老樹迎風微颺，顯得綠意閃閃，我調整相機的曝光，攝下一個愛無止盡的故事。

↑未艾公寓想要訴說的是一個永無止盡的故事。

未艾公寓

咖啡、餐飲、住宿、家飾、藝文展覽

台南市中西區正興街77巷10號

06-222-6696

訂房諮詢12:00-19:30

http://welove77.pixnet.net/blog

↓→展出的藝術作品全部來自台灣以外地區。

台南・神農街

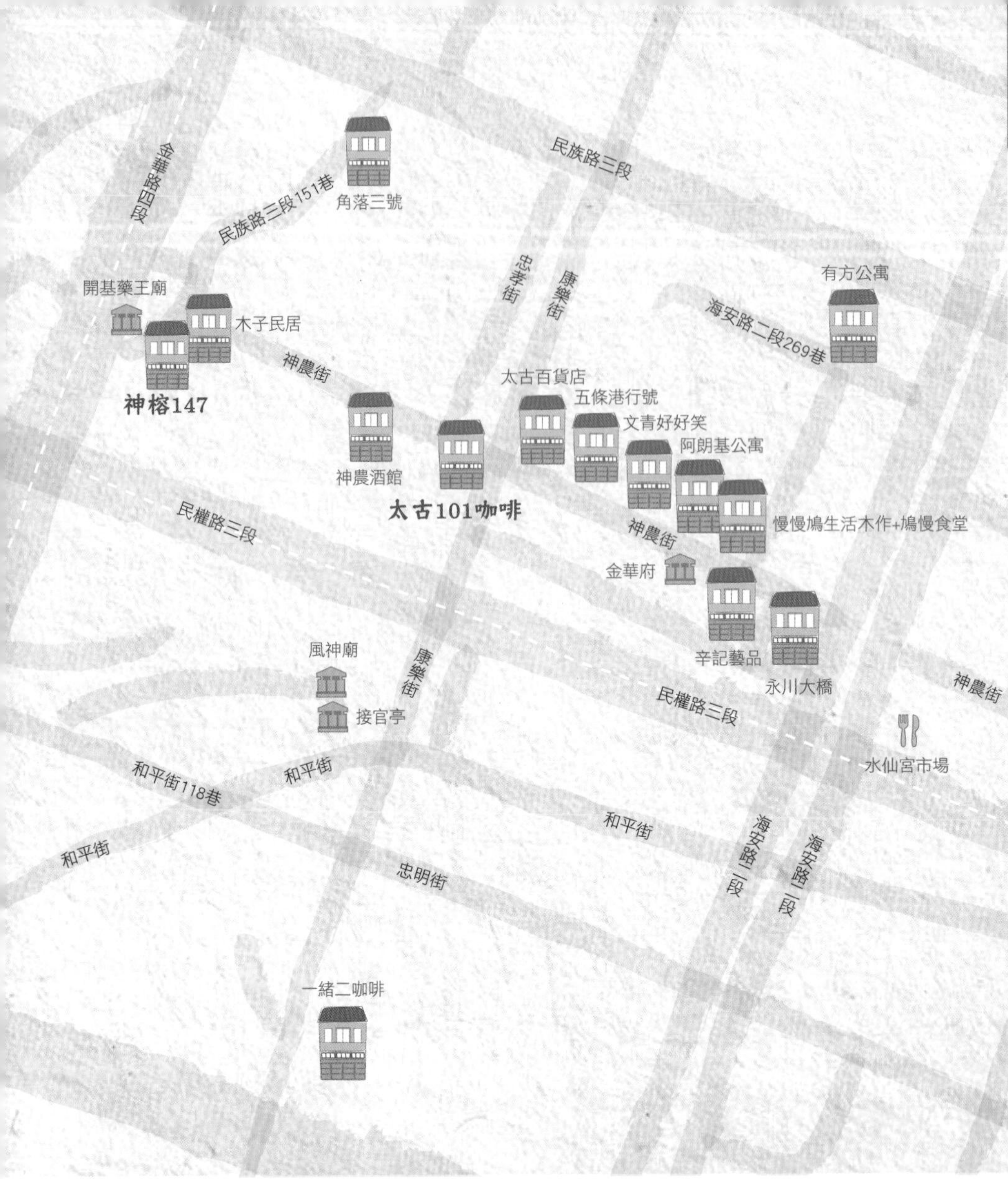

慢慢鳩生活木作+鳩慢食堂

相當富有藝術氣息的空間，在此可感受老屋特有的靜謐氛圍，開設木工手作課程、提供素食餐點，用餐須預約。

台南市中西區神農街76號

06-221-5795

金華府

清道光10年由一群許姓碼頭工人所建，三層次傳統格局，牆堵泥塑、龍虎壁、乳釘、木雕等皆精美，風貌古樸。

台南市中西區神農街71號

無

水仙宮市場

台南美食兵家重地，著名老攤有富盛號碗粿、永樂燒肉飯、金得春捲、石精臼蚵仔煎、阿松刈包等。

台南市中西區海安路二段42號

無

十七世紀時，神農街是府城最繁華熱鬧的五條港之一南勢港（亦稱北勢港），如同水城威尼斯般，屋前奔竄河流，河上船行不輟載運貨物。如今是台南保留最完整的老街道之一，傳統建築林立，最佳老屋散步路線以海安路為起點，開基藥王廟為迄點。

交通資訊

・公車：搭公車0左或觀光公車88號，在神農街站下。

散步方式

步行。

接官亭

清乾隆42年興建，新官到台就任皆須來此報到，往來大陸的船隻出港前也會來同一處的風神廟祈求船行平安。

台南市中西區民權路三段143巷8號

五條港行號

展售結合在地歷史文化的文創商品：曾在此地輪番上陣生活的民族、台南十二個月分特有活動、古蹟建築等。

台南市中西區神農街86號

06-220-3566

文青好好笑

老闆是攝影師，布置以混搭風為最高指導原則，希臘雕像和美國隊長一起出現不奇怪，來這裡小心快門會按不停。

台南市中西區神農街82號

06-222-9257

↑太古101位處神農街後半段，新舊混合的外觀格外醒目。

特色老屋

太古101

台灣傳統建築、歐洲工業設計，南轅北轍的兩種風格，卻在太古101混搭出一片富有個性的風景。

位於神農街與康樂街交叉口的太古101，是太古百貨經營者阿豪與馬克兄弟檔的又一力作，同樣以老件家具為主角，太古百貨強調太空年代塑料風，太古101則主打歐洲復古工業風，並以下午茶餐點和太古百貨的酒類飲品做出市場區隔。

馬克說：「那時候要找老屋開第二家店不是那麼容易，尤其曾經是繁華熱鬧五條港區

↑↓裡外以土耳其藍為主色調，搭配鐵製椅、工業燈、水泥吧檯、裸露磚牆，堆砌出濃濃工業風。

的神農街，屋主多的是富商、醫生、律師，並不缺房屋出租這份收入。」現在這棟房子歷經水電行、泡沫紅茶店，後來經營者釋出才得以順利承租，作為兄弟兩人展示骨董家具設計美學的二號據點。

這棟建築屬於二進式的結構，第一進和第二進中間以天井與走道分隔。不像一般新店家動輒拆除整併獲取更大營業面積，馬克保留了這樣的原始設計，維持前後部分各自獨立，還在二樓走道加強支撐結構，讓客人自由穿梭，欣賞老房子特殊的空間趣味。

談起整理老房子，看得出來馬克充分享受著其中的過程。他說，現在加入老屋改造

↑馬克強調鐵梯的比例、粗細很重要，細節不對就不到位。
←各式骨董家具在在顯示出馬克兄弟的收藏品味。
↓店主人馬克本身是台南子弟，太古101是他與哥哥的第二個老屋改造成果。

行列的人越來越多，如何營造特色是一個必須思考的問題，反思自己為太古系列設定的方向，則為：「台灣的屋殼，西洋的家具，中西合併而無違和感」。

馬克親自設計大門旁的鐵梯請鐵工燒製，代替已被前人拆除的木梯，並把電動鐵捲門改成落地窗，引進大片自然光。鐵梯和窗框都選用舊鐵料與生鐵鑄成，利用鐵鏽的特性營造仿舊感。

店內色彩鮮豔、設計感獨特的鐵件家具，都是長年從歐洲各國費心蒐集回來的，不加修飾的裸露磚牆表達粗獷感，水泥地板應和質樸的氛圍，工業風的經典設計元素在這裡一覽無遺。

看著年紀相仿的馬克，我想，我們這一代在美日文化的強勢影響下長大，對於外來文化的喜愛畢竟難以避免，至於能否和本身的傳統文化和諧共存、甚至擦撞出火花？在太古101，我似乎看見了各種有趣的可能。

↓二樓加蓋鐵製小陽台，以穿透性的視野俯瞰神農街充滿歷史感的風景。
↘第一進二樓，傳統空間和歐洲老家具意外地搭，牆邊加開窗戶引進自然光。

↑古早時候神農街是河道，船隻往來運送貨物，現今二樓仍保留吊取貨物的小門。

太古101

◎ 咖啡茶飲、輕食、老家具
⌂ 台南市中西區神農街101號
☏ 06-221-7800
◷ 13:00-22:30
Ⓦ FB搜尋太古**101**

↑民宿主人姊姊阿姜，隨時用最親切的笑容迎接來到神榕147的客人。
←二樓木窗和鑲鐵花窗通氣孔，兼具採光通氣的機能與素樸的美學。

特色老屋

神榕147

夏日早晨，越過神農街的嘈雜擾嚷，一棟素麗典雅的和洋風建築在百年榕樹的遮蔭下，安靜佇立於街尾。握住黃銅把手緩緩推開大門，咖啡馨香盈滿屋內，吧檯後方傳來親切的招呼聲。

主人家姊姊阿姜和妹妹Susan，像一般典型南部家庭的熱情、大方，只要客人願意坐下來，她們就會和你盡情暢談生命中的美好事物：咖啡、老屋、旅行……。一整個早上，我們就在舒適靜謐的懷

↑吧台一角露出原本隔間的老磚牆，牆角圓磚是挖廁所通風孔的剩料，充作門檻。
↓一樓開放的咖啡空間，八角老木窗和鑄鐵扶手欄杆呈現優雅的工藝美學。

舊空間裡，輕啜手中咖啡的淡淡麥香，聊著關於老屋的二、三事。

老屋的歷史開啟於一九五七年，姜家在此創立成衣事業「華美被服廠」，樓上樓下針車鎮日運轉不停，交織出六、七〇年代的繁華榮景，但後來工廠擴大遷移，房子遂從此閒置。

和一般老屋改造多為承租者不同，三兄妹從小看著房子到長大，對房子的感情特別深厚，因為不捨它的生命停擺，二〇一三年時便全家開會，讓房子重生為民宿。咖啡的經營形式，不但提供旅人老屋住宿的美好體驗，也時常舉辦藝文、旅行、手作、老屋等樂活主題的課程和講座。

為什麼民宿的名字要取為「神榕147」？姊妹倆笑著模仿起父親的台灣國語，原來父

←加設客房隔間牆後不填掉原本牆面的木櫃，憑添空間趣味。
↓三樓客房的客廳，主人之一小姜大哥本身就喜歡蒐集老件，貢獻了不少家具。

親的國語發音不標準，念門牌「神農一四七」怎麼聽都像「神榕一速七」，於是乾脆放入榕字，突顯屋旁有一棵老榕相伴的特色，數字諧音「一宿情」、「一世情」，則期待客人住過之後都能產生感情，變成一輩子的好朋友，有如此美麗的意涵。

打開通往三樓的外門，就可以看見老樹和房子緊密相依的程度。近六十年前蓋房子時，因為砍樹工人陸續受傷，於是放棄打老樹的主意，改變格局配合其自然的生長形勢。經過這些年，老樹老屋相互尊重、相安無事，反而成為一幅建築奇景。

和兩位主人愉快地聊了一個早上，感受到她們待客的真摯心意，彷彿已經變成很好的朋友。老屋可親，人情可愛，神農街尾有這樣一個溫馨別致的角落，靜靜等待著旅人的造訪。

↓老屋與老榕相依共存，一旁是供奉神農氏的藥王廟，神農街命名即出自於此。
↙姜家相當支持藝文創作，以購買加換宿留下許多藝術家的作品供大家欣賞。

↑頂樓陽台欄杆是經典的富士山造型鐵窗花。

神榕147

- 住宿、咖啡、茶飲、餅乾、藝文展覽、旅行講座
- 台南市中西區神農街147號
- 06-220-8147、0986-533-200
- 週一～週五10:00-18:00，週六日9:00-18:00
- FB搜尋神榕147／shennong147.blogspot.tw
  www.ddtrue.cc/shennong147

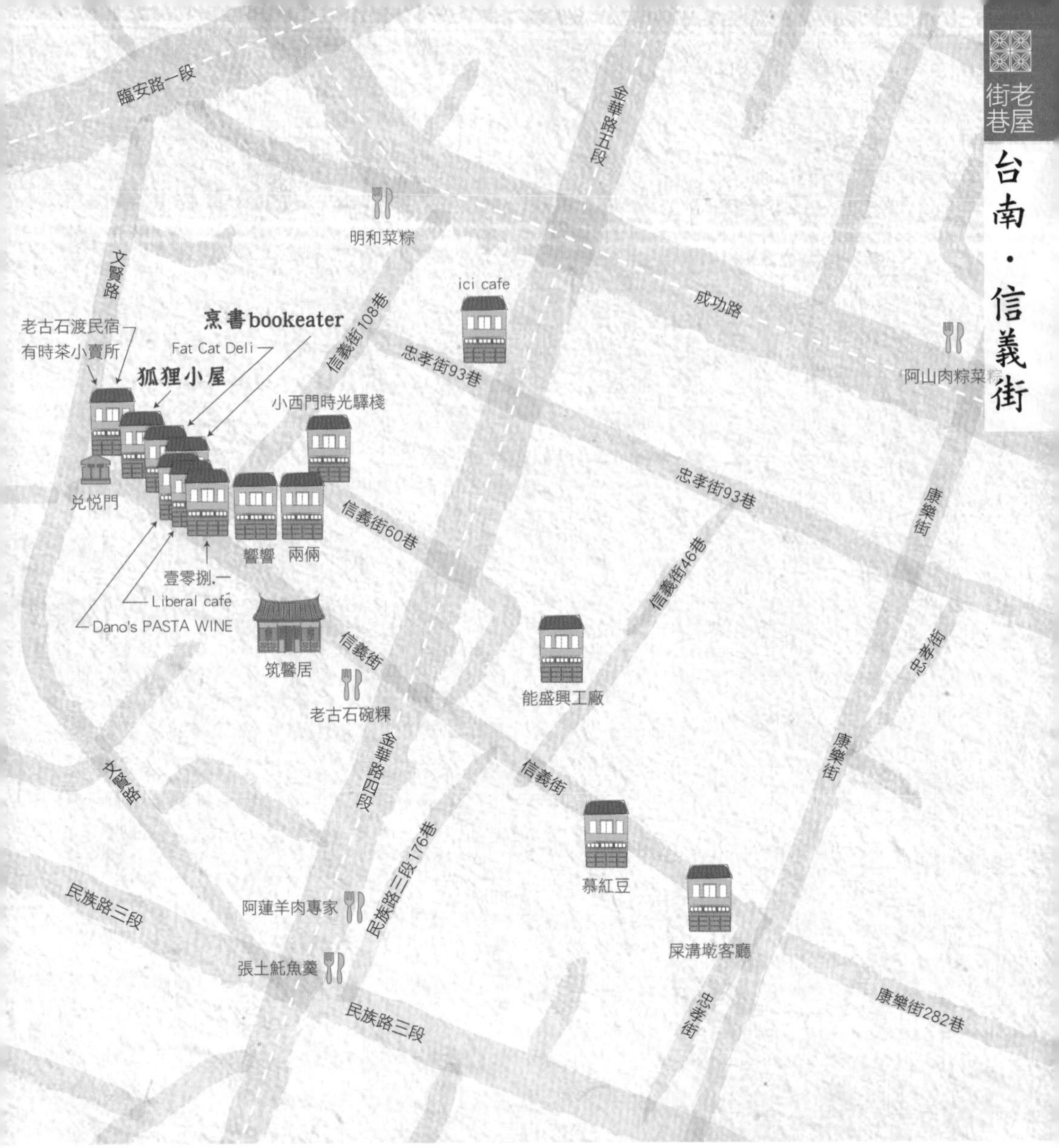

Fat Cat Deli

老闆夫妻曾是香港樂團成員，因愛上台南的悠閒步調，便在此開設音樂主題咖啡店，販賣中港台獨立樂團的唱片。

台南市中西區信義街114號

0983-788-010

Liberal Café

進駐仿古屋的咖啡店，店內到處可見可愛的SNOOPY完全攻打少女心，甜點、咖啡茶品的製作頗有水準。

台南市中西區信義街108-1號

0989-298-851

筑馨居

信義街第一間老屋改造的預約制餐廳，清末建築，特色在於二樓是架福杉、敷蚵粉、鋪陶磚的「軟樓」。

台南市中西區信義街69號

06-221-8890

信義街位於古時台南貿易要道五條港之一的「新港墘」，當年沿路鋪滿老古石（即珊瑚礁石）材質的壓艙石而有別名「老古石街」，此處居民多為碼頭工人，房屋較為褊小。信義街以文賢路為起點，走到康樂街為止這一段，即為老屋改造的熱鬧地段。

交通資訊

・單車：無公車路線，可在台南火車站附近租借單車，走成功路左轉接金華路，即可看見信義街所在的「集福宮」牌樓，騎車約十三分鐘可抵。

散步方式

步行、單車。

阿山肉粽、菜粽

超隱藏版美食！台南特有的菜粽，米粒吸飽月桃葉和在地麻油的香氣，口感綿中帶糯，味噌湯用料豐厚誠意十足。

台南市北區成功路462號

無

慕紅豆

老闆曾因思念父親，騎三輪車環島免費分享紅豆湯，綿密鬆軟、香氣四溢的紅豆湯，傳遞著樸實的幸福滋味。

台南市民族路三段148巷35號

0927-276-819

兌悅門

台南唯一仍可通行的城門，清道光十五年建，位於八卦的兌方（西方）而得名，特色是老古石台座、內部用夯土。

台南市信義街與文賢路交叉口

無

↑烹書以醒目的門面歡迎形形色色的訪客到來。

特色老屋

烹書 bookeater

整條信義街放眼望去，烹書的外型相當獨特搶眼，配色鮮豔大膽的店門，看起來像是由三道大小不一的門組合而成，這是由店主阿古親自設計、弟弟操刀完工。阿古解釋這個設計概念來自於：希望各種人——不管國籍種族、高矮胖瘦、男女老少，都能走進來。

阿古是個相當有個性和想法的香港女生，關於經營這樣

↑店裡以阿古從小到大收藏的書籍和老物件為布置主題。
↓阿古活脫脫像是從她喜愛的珍奧斯汀小說中走出來的，特別有想法的女生。

一家書籍主題餐廳的藍圖，在她腦子裡已經悄悄規劃了四、五年。一年多前因為哥哥在隔壁開設黑膠音樂咖啡店Fat Cat Deli而來到這裡，發現招租訊息便二話不說承租下來。

不但店內豐富的顏色搭配不假手他人，連桌椅、書架等也是姐弟倆利用廢棄棧板改造而來，充分發揮DIY巧思與資源利用的精神。環顧店內，除了以書籍為主角外，還散置著一些看來似曾相識的老件。好奇請教阿古對於店面整體風格的想法，阿古說，其實就是呈現她小時候眼裡的香港。

↑↓店裡配色鮮豔大膽，呈現濃濃的南洋風。

原來在她的成長階段，香港同時受到英國殖民統治、上海移民、南洋華僑，以及鄰近的澳門等各種華洋文化影響，共冶出香港熱鬧有趣的時代氣息，於是阿古在空間用色上，特意挑選濃豔飽和的色彩，以呈現南洋風情與殖民式建築美學，並大量布置從香港老家帶來的舊書與老物件，例如父母以前愛看的書籍漫畫、小時把玩的鐵皮玩具、街角「士多」（香港的小商店）裡常見的汽水箱等，重現她的香港記憶。

既然以書籍為主題開餐廳，想必是個愛書人，少不得要「拷問」阿古喜愛的閱讀類型。阿古說她特別喜愛珍奧斯汀的小說，和哲學、社會學、文化差異方面的書籍，就連店裡提供的餐點，也是從飲食經典《Joy of cooking》裡尋找靈感烹製而成。

↓阿古設計、弟弟打造店裡的大部分家具。

好奇她從香港移居台南開店這一路走來的心路歷程，她不無感慨地說，現在香港以經濟發展掛帥，不管走到哪裡都充斥著商業的喧鬧，想去公園走走？sorry，不能踩草地也不能彈吉他，假日想去山裡海邊？也到處人滿為患。台灣還能保有的安靜悠閒與文化氛圍，是她在此地生活的最大收穫。

↑為什麼書倒著放？阿古說，英文書背都得橫著看，所以中文書也要倒過來才公平啊！

台南・信義街

烹書bookeater

- 咖啡、茶飲、餐點、書籍
- 台南市中西區信義街110號
- 0963-442-464
- 11:30-21:30（週二休）
- FB搜尋烹書bookeater

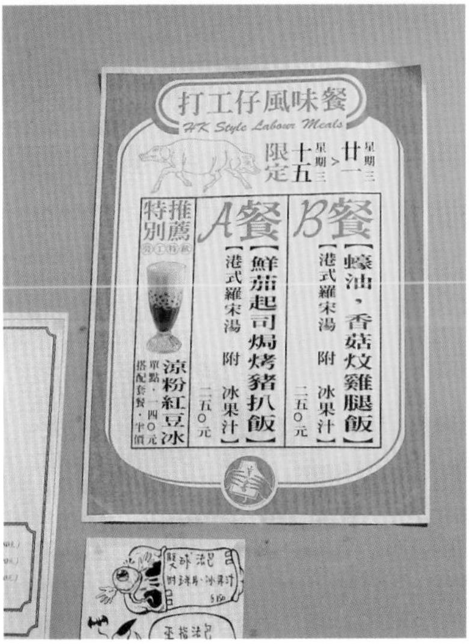

特色老屋

狐狸小屋

→↘狐狸小屋就在古蹟兌悅門旁，遇到老闆狐狸的話可以聊聊攝影。
↑店裡不時展示狐狸和朋友的攝影、繪畫等創作。

信義街上，各種年代的房子紛然矗立，漫步其間，特別能感受到台灣民居社區的雜亂美學與衝突趣味。緊挨著古老城門兌悅門的狐狸小屋，和鄰近動輒一百多歲的老屋相比，其實只能算是半新不舊的中古屋。

不過，屋主翻修時特地採取仿古設計，請來台南僅存數位的老師傅，拿出看家本領重新打造，包括對外的仿舊木窗和洗石子牆，展現了老師傅寶刀未老的真功夫。使用傳統工法新製，而非像一般蒐集現有的老件拼湊，為老屋改造展現另類的方向。

承租其中的狐狸小屋，老闆狐狸來自嘉義，因負笈成大就讀生物系，開啟了他與台南的緣分，也因為拍生態攝影而愛上攝影，最後索性棄生物以攝影為主業，兼營這家咖啡店。由於狐狸本身熱愛創作，這裡也會不定期展出自己和友人的攝影、繪畫作品。

有別於一般時尚明亮的咖啡店，狐狸小屋在視覺上選擇較為飽滿厚重的色彩搭配，家具以原木材質為主，當然也少不了許多別緻的森林系小物。狐狸說：「我挑了一扇比較厚重的木門，缺點是很多客人不敢推門進來，優點是一般只想參觀的遊客就不會走進來，所以可以比較安靜，有點像是Pub或Bar，那種被隔離和保護的感覺。」

如果你想避開台南日漸喧鬧的觀光人潮，只要推開狐狸小屋的木門，就像進入了森林裡的祕密基地，可以放鬆享受一段不被打擾的悠靜時光。

↓店內氣氛隨和自在，是一處讓人安心的小天地。

↑↓店內有各式各樣療癒人心的森林系小物。
←木桌以紡織廠廢棄的針車車腳加上回收木料桌面而成，來自農麗工作室。

狐狸小屋

- 咖啡、茶飲、輕食、藝文展覽
- 台南市中西區信義街118號
- 0937-652-012
- 13:00-18:00（週一休）
- FB搜尋狐狸小屋

打狗英國領事館文化園區

包括兩座建於1897年的英式建築及一條石階古道，官邸為殖民地式樣，山丘下接近碼頭的領事館是公務機構。

高雄市鼓山區蓮海路20號

07-525-0100

好市集

亮麗的洋風建築，前身是日治時期的合美運輸組，處理海陸貨運。改造後成為法式料理餐廳，兼賣有機農作產品。

高雄市鼓山區鼓山一路19號

07-532-6899

打狗鐵道故事館

現址為最早的高雄車站，今仍有老車站、低式月台、號誌樓、蒸汽車等珍貴文物，是台灣保存最完整的貨運車站。

高雄市鼓山區鼓山一路32號

07-531-6209

哈瑪星這個可愛又特別的名字其實源自於日文，讀音為「Hamasen」，意指「濱線」。一九〇八年日本政府在打狗設港，將疏濬航道的淤泥用來填海造地，其中有兩條通往港口的濱海鐵路，即為濱線。哈瑪星泛指今日鼓山區南端，是高雄第一個現代化的地區。

交通資訊

・捷運：搭乘高雄捷運橘線至西子灣站，出站可租借C-Bike，附近亦有許多單車、電動車租借店家。

・公車：公車31、50、219、248、橘1、柴山專線。

散步方式

步行、單車。

哈瑪星汕頭麵

代天宮廟口60年的實在老店，以中藥、高粱、豬油調製祖傳醬汁，拌入麵中成了令人懷念的古早好味道。

高雄市鼓山區鼓波街27-16號

07-532-3228

高雄市武德殿

大正13年建成，展現日本崇武精神，台灣現存最早之州廳級武德殿，有劍道、柔道、花道、茶道等表演活動。

高雄市鼓山區登山街36號

07-531-8845

香蕉碼頭

50年代台灣大量輸出香蕉的存放倉庫，今再造為新興餐飲空間，正對港口可同時享用美食與飽覽船舶入海美景。

高雄市鹽埕區蓬萊路23號

07-561-2295

↓← 原為木材商行倉庫的會社外型簡單，立面雨淋板在時間的洗刷下散發出雋永的味道。

↑會社左方即是當時佐佐木商店的辦公室。

特色老屋

打狗文史再興會社

走出捷運西子灣站，迎接我的是南國過於熱情的太陽，漫步於哈瑪星街頭，許多日治時期留下的建築，保存完好的程度令人驚喜，日式、洋風、和洋混合……，臨街展示多樣建築風情。

這些美麗的老房子，其實也曾面臨差點被拆除的辛酸命運。二〇一二年，高雄市政府貼出公告拆除老屋、收回公有地，這個消息一傳出，關心地

↑←來哈瑪星可以先到這裡報到，內有許多第一手的當地資料讓你挖寶。

方文化的人士趕忙奔走，催生成立「打狗文史在興會社」，成員有學生、教師、攝影師、餐館業者等，儘管社會背景歧異，搶救歷史建築與喚醒文史意識的共同理想，將他們緊緊凝聚在一起。

↑此區街廓有許多透過搶救行動而成功保留下來的老房子。
→會社在右方開設木工教室，培育社區老舊木建築的維修人力。

打狗文史再興會社

文史資訊、在地導覽、木作課程、創意市集
高雄市鼓山區捷興二街18號
07-531-5867
11:00~16:00（週一休）
FB搜尋打狗文史再興會社

透過發動居民和網友、聯絡媒體開記者會等積極行動，終於成功留下這些老房子。其中還修復了一棟日式兩層樓木屋，前身「佐佐木商店高雄支店」的木材商行倉庫，活化作為會社的活動基地。

在這裡，不僅是會社成員的集會場所，也開放自由參觀、舉辦手作市集，並開設修繕老屋的木工課程，以及深具教育意涵的文史導覽，成功地引起在地居民與外來遊客的持續關心、造訪，為這個沒落已久的老街廓注入新活力。

哈瑪星，這顆古老的南方之星於是再度亮起，在高雄港灣一隅閃閃發光。

↑台灣非常罕見的ㄇ字形日式建築，
書店喫茶一二三亭在此重生。

特色老屋

書店喫茶一二三亭

從打狗再興文史工作室走向鼓元街，轉角有一棟樣式特殊的ㄇ字形二樓建築，兩端突出部位分屬兩家藝術工作室，樓上陽台花草開得鮮美燦爛，中間凹處大門懸著一幅日式布簾，隨風來回飄動隱約透露屋內景象，撩撥人一探究竟的心思。

在日本，這樣ㄇ字形式的建築並不算少，中間部分通常作為庭園使用，但在今天的台灣難得一見。根據屋內幣串（註）得知，房子於一九二〇年建成，當時報紙刊有日本料

↑前廳可通往ㄇ字形二樓陽台，空間既分隔又穿透。
←橫樑上復原的幣串。
↓日式建築的一二三亭採用西式樑木構造以支撐跨距甚大的屋頂。

亭「一二三亭」在此處開業的新聞。

約百年前，日人利用填海造陸技術，在一片虛無之海上憑空創造出哈瑪星，並陸續開設公家機關、創立企業會社，街市熱絡商賈如織，哈瑪星迅速成為高雄港都最早升起的一顆明星，迸射出現代化的光芒。

高級料亭一二三亭便在此時應運而生，聘請藝妓歌舞表演、陪同政商名流宴飲，燈光相映細樂聲喧，一片太平盛世風流景象。豈料二戰後日人遷離，一二三亭面臨歇業，改由船務公司進駐，都市發展也漸轉移，老城區走向沒落。

就在三年前，一二三亭差點連同其他老屋一併被拆除。幸而經熱心人士疾呼奔走，種種機緣之下，影響市府決策，老屋得以暫時保留。目前，由

↓經營者姚銘偉收藏許多珍貴的文史哲書籍，希望讓來客多了解哈瑪星歷史。

打狗文史再興會社成員之一姚銘偉承租經營，打造他所喜愛的日本老咖啡店風貌，舉辦各種文史聚會。

因恐木造結構不夠堅固，屋體在戰後早已改成水泥樑柱與樓板，只有屋頂內部仍保留原本西式樑木。姚銘偉主要的整理工程是拆掉天花板、填補縫隙、重漆門窗木框、加入新製的書櫃和吧台等。

整體觀之，露出橫樑的空間感華美而簡約，日本老家具搭配精巧器物，演繹著復古的和洋風情，一文字笠（註）散發出柔和光線，讓人沐浴在舊日氛圍裡。

近百年前，有達官貴人在此出入飲酒作樂，現在則有在地人士、外來遊客，一同關心在地文史活動，一二三亭不再是風花雪月的交際場所，而成了促進公民參與的集會空間。

←↓姚銘偉從喜愛的日本老咖啡店尋找設計布置靈感。

↑日式氛圍很容易讓浮動的心安靜下來。

在高速變換的時代裡，還好仍有一處充滿歲月印迹的老屋，讓我們得以與往昔時光產生聯繫，不致染上歷史失憶症。

註

幣串：宗教鎮宅儀式的物品，記載供奉的神明和上樑時間等資訊。

一文字笠：日本稱燈罩為「笠」，一文字笠就是從側面看起來形似文字「一」的電燈。

←哈瑪星曾有日本商人雲集，後代回來尋根時常找姚銘偉幫忙。

書店喫茶一二三亭

- 咖啡、餐飲、書籍、講座、音樂會
- 高雄市鼓山區鼓元街4號
- 07-531-0330
- 10:00~22:00（週一休）
- FB搜尋書店喫茶一二三亭

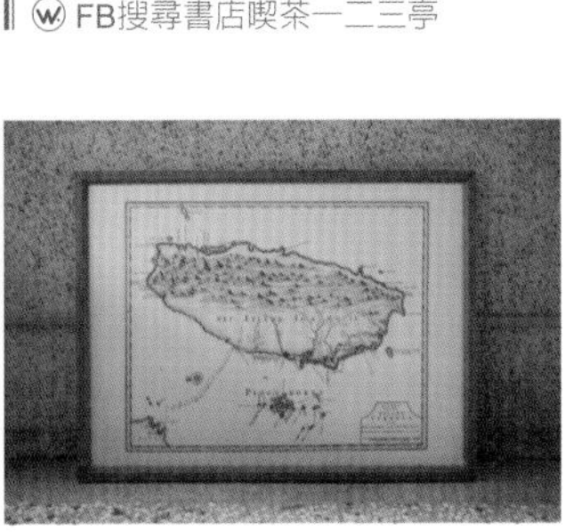

屏東・青島街

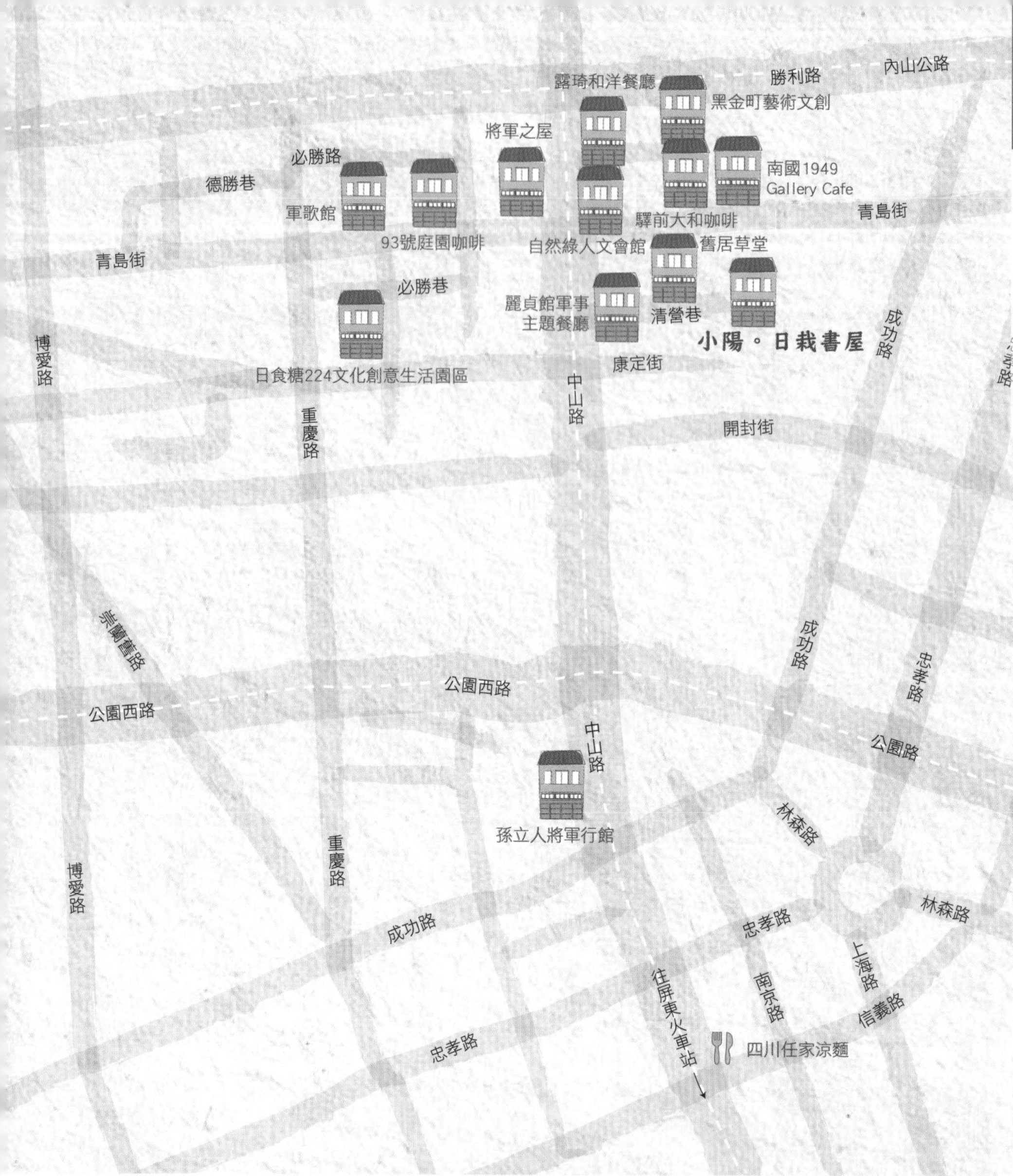

日食糖224文化創意生活園區

台北的小食糖餐廳來到屏東因為烈日改名日食糖，日式建築裡有餐廳、咖啡、市集、藝文空間，賦予眷村新樣貌。

屏東市康定街22號

08-766-9881

孫立人將軍行館

綠意滿園的日式官舍建於1937年，1945年孫立人將軍擔任陸軍訓練司令曾在此居住，今由美和科大經營活化。

屏東市中山路61號

08-732-3896

四川任家涼麵（中山店）

任家以特調醬汁淋在富有嚼勁的麵條上，滋味香辣酸甜，濃郁卻又爽口，日式小平房裡賣著來自四川家鄉的美味。

屏東市中山路與信義路口

08-732-8267

一九二〇年日本政府於屏東設立台灣第一座機場作為進軍東南亞的基地，隨著日本陸軍航空第八聯隊的進駐，官兵眷舍群應運而生，建築特色為磚造基底、木結構、日式黑瓦屋頂，而且庭院寬廣，遍植草木，以崇仁新村、勝利新村為代表。民國政府來台後，校將級軍官紛紛入住而有「將軍村」之稱。

如今以青島街、康定街與中山路交叉的周邊巷弄中，許多藝文風格取向的店家、餐飲陸續在老屋裡開張，標榜眷村文化的特色商圈令人頗感興味。

交通資訊

・火車：搭台鐵至屏東火車站，從站前的中山路往北步行十五分鐘可抵勝利新村（青島街一帶），也可在火車站租借P-Bike。

散步方式

步行、單車。

將軍之屋

半磚木造獨棟日式建築，因有多位將軍住過而得名，現以軍事主題展覽呈現當代將領戎馬倥傯的軍旅生涯。

屏東市青島街106號

08-732-6512

軍歌館

全台首間以軍歌展示為主軸的文化館，在日式老房裡讓民眾了解軍歌的文化特色與演變軌跡，重溫大時代的樂章。

屏東市青島街97號

08-736-0330*2159

舊居草堂

草堂外有庭園、泉池、泡茶亭，內有陳列古物的和室空間，經營者以茶藝文化為老屋打造禪風式的悠閒情調。

屏東市清營巷4號

08-732-3698

↑→木格柵窗面、磚造基底、日式黑瓦屋頂與木結構是這一帶眷舍共通的建築語彙。

特色老屋

小陽。日栽書屋

踩踏過地面鏤刻「日軍第八飛行聯隊宿舍」圖樣的金黃陶磚，我循著街道來到清營巷，小巷裡僻靜幽深，不見人影，幾乎要疑心自己是不是找錯了地方。所幸繼續走到巷底，一處民房敞開典型的眷村紅色鐵門，像是歡迎旅客的造訪。

正如青島街一帶的老屋，

↑↓善用從被拆除的眷村搶救回來的舊家具，為老物延續新生命。

這裡也有著同樣的建築語彙：木格窗、磚造基底、黑瓦屋頂，構成初入眼底的一致印象，略有不同的是印有小小字號的赭紅短絹，掛在門口權充店招。

和同樣愛好影像的店主人依芸聊開，似乎攝影人都有同樣低調的個性，小陽。日栽書屋不走大張旗鼓的商業經營路線，店內以恬靜素雅的風格見長，綠紗窗、創意花栽、老家具，各個角落無處不成景，讓我忙不迭地用鏡頭捕捉這舊年代的美好光暈。

聽依芸娓娓道來老屋歷史：話說日治時期的一九二〇年代，日本政府在屏東建造全台灣第一座機場，隨後進駐陸軍第八飛行聯隊，展現帝國欲以軍事南侵的強烈野心。「電影《賽德克巴

↑歷任前屋主使用與擴建室內空間，留下令人玩味的拼貼痕跡。
↘經營者依芸在光線通透的廚房裡準備茶飲。

萊》裡投擲炸彈的飛機，就是從屏東機場起飛的」，依芸補充說明。

一九三六年為了照應官兵居住需求而設立大量高級官舍，豈料不過二十幾年，日本於二戰中兵敗如山倒，國民政府接收台灣，這批官舍順勢成為來台將領的宿舍。依芸接著說：「當時孫立人將軍帶領部屬進駐，校將級以上的飛行軍官才有資格分配到官舍」。

時至二〇〇七年，這一帶共七十幾棟房舍被列為歷史建築，屏東縣政府開放民間經營，她和兩位合夥人在短短的一周內看中這棟狀況尚佳的老屋，便連夜趕出企畫書取得經營權。

她笑說：「我們是唯一一個人文類的經營提案，而且又在小巷底，那時巷子裡根本沒有其他店家，連評審都問說這間到底在哪裡？直到經營兩三年後，隔壁才開了茶館」聽到這樣的開店歷程，實在讓人打從心裡佩服她們三個女生的勇氣。

由於三個人都對老東西戀戀不

↓隨處可見老物件搭配室內空間的運用巧思。

捨，因此房子本身未做太大修整，以維護原貌為主，甚至還研究史料把房子油漆成早期色調。所有老家具、骨董擺飾，全來自搶收被拆除的眷村文物，或友人長輩的捐贈。

不但選擇店面的位置獨具慧眼，經營取向也很勇於不同——雖則這是出自於在地人的無奈：「一般人對屏東的印象只有墾丁，因此我們渴望展現屏東文化的一面」。小陽以精選書籍和藝文活動為主軸，還有單車日、散步日等帶客人認識地方景點，許多別開生面的活動把屏東市區這個角落點綴得多采多姿。

透過經營者的維護與創意，這棟遺落巷底的老屋保留歲月歷歷鑿痕，承載不同族群的故事，煥發獨特魅力吸引藝文能量聚集，國境之南從此多了一處令人流連的文化風景。

↓滿目綠蔭的安謐庭園時常有音樂會、藝文發表，甚至舉行過小型戶外婚禮。

↑庭園裡從嬌小的薜荔、多肉植物到高大的芒果樹、老松樹都被照顧得生意盎然。

小陽。日栽書屋

書籍、藝文展演
屏東市清營巷1號
0922-961-278
14:00-20:00（週一-三休）
FB搜尋小陽。日栽書屋

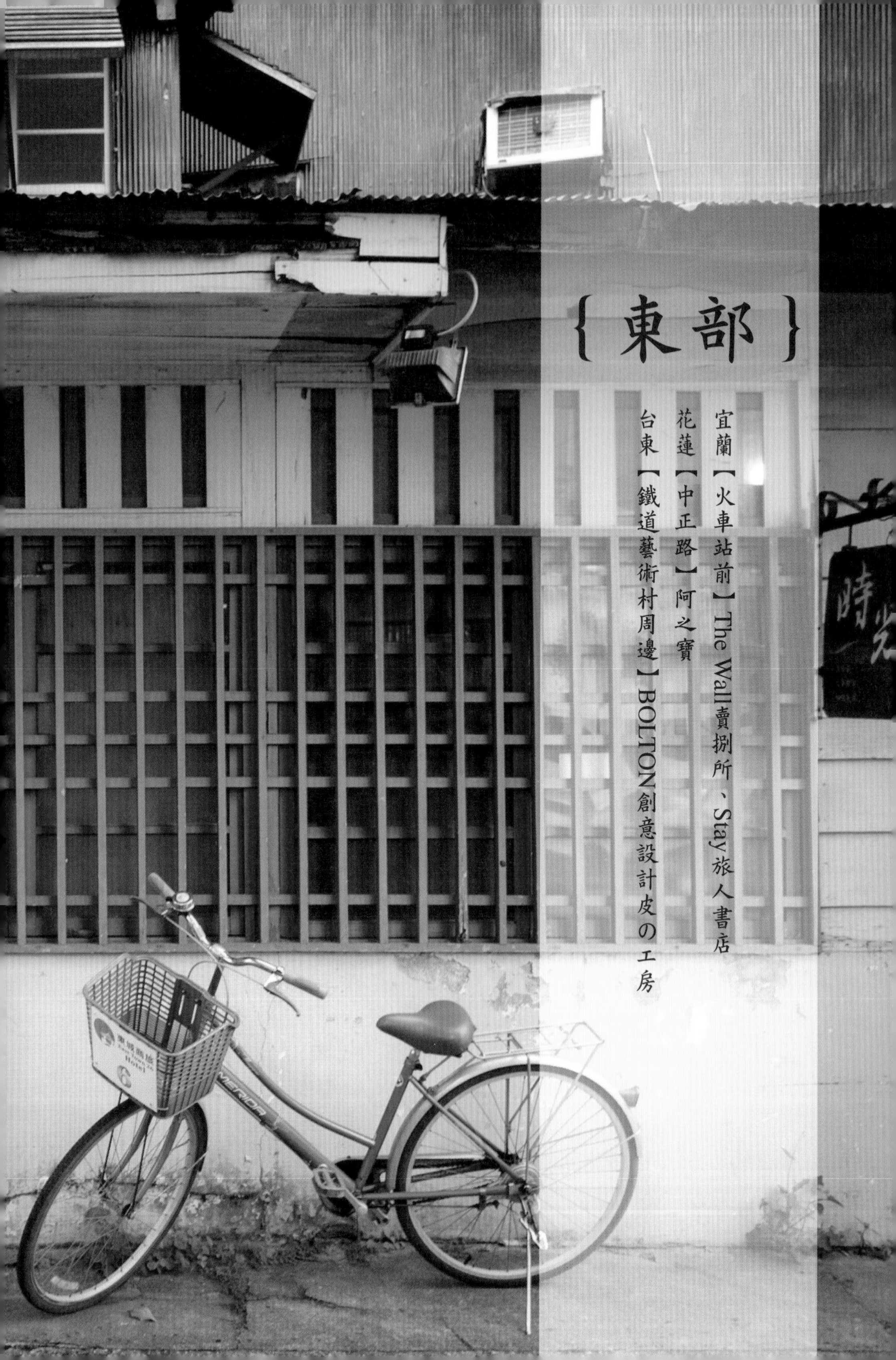

{東部}

宜蘭【火車站前】The Wall賣捌所、Stay旅人書店

花蓮【中正路】阿之寶

台東【鐵道藝術村周邊】BOLTON創意設計皮の工房

宜蘭・火車站前

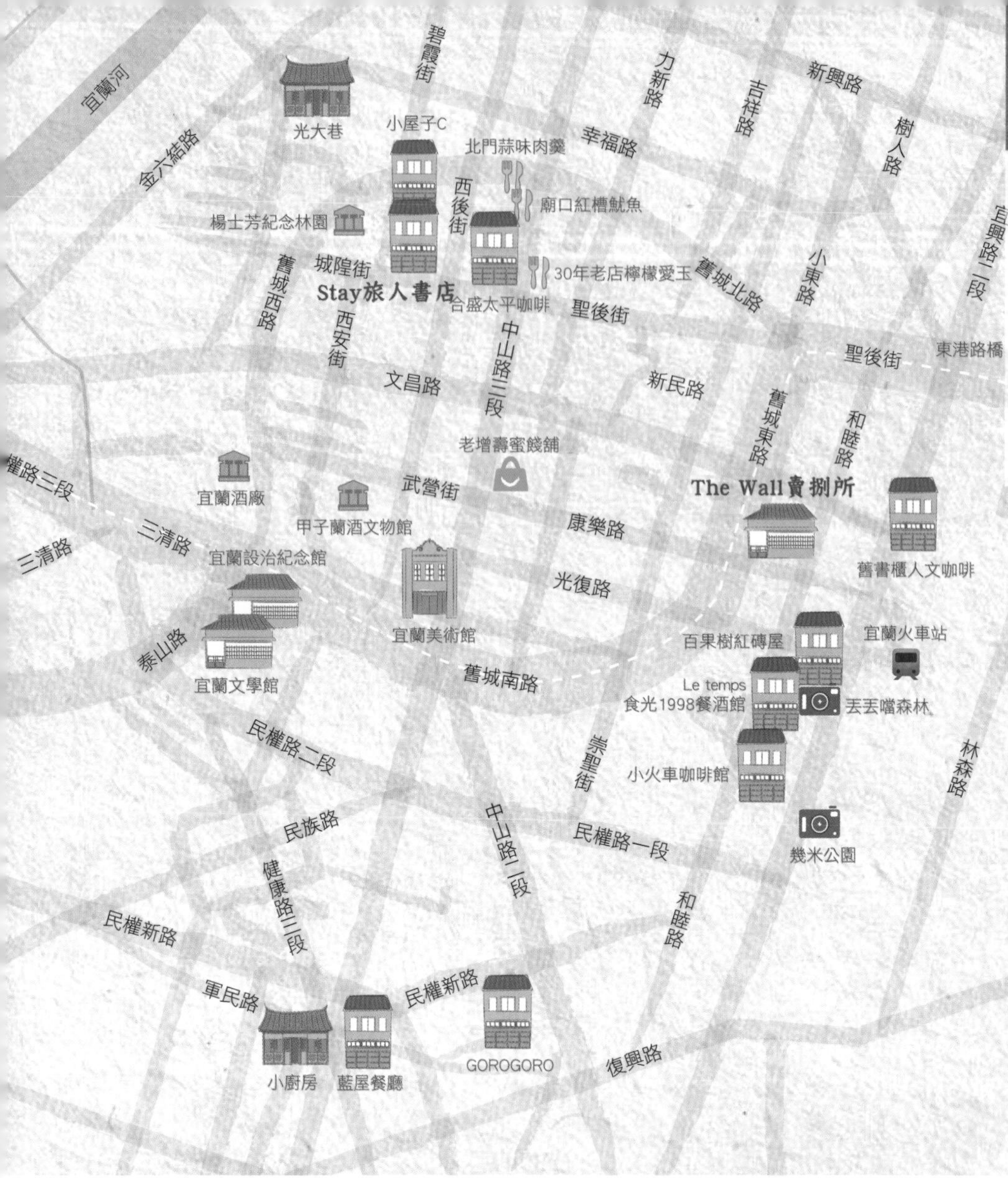

幾米公園

幾米繪本裡的角色跑到宜蘭了！為契合火車站的特質呈現旅行、離合的故事情節，洋溢童趣的場景引爆觀光熱潮。

宜蘭市光復路1號

03-931-2152

百果樹紅磚屋

從日治時期米穀檢查所、國民政府時期的糧食局倉庫演變而來，如今是在地作家黃春明團隊進駐經營的藝文沙龍。

宜蘭市光復路13號

03-932-0840

舊書櫃人文咖啡

車站旁創創新村的改造倉庫，回鄉年輕人創業開設二手書咖啡店，原建築的紅磚牆和橫木樑氛圍無比迷人。

宜蘭市宜興路一段280號

0910-935-354

步出宜蘭火車站，車站周邊的宜興路一帶，宜蘭行口創創新村、百果樹紅磚屋以及數家咖啡餐飲，都是以老倉庫、老宿舍改造而成的藝文餐飲空間，舊式風味舒適迷人。

再往前行，由舊城東、西、南、北路四條弧線圍繞的圓形舊城區，即是古今交融的蘭陽核心，這周邊的老屋景點：日治時期專賣局、太平醫院、宜蘭酒廠、南北館市場、文學館，以及稍外圍處的百年監獄門廳，紛呈更多不同面向的老空間特色建築，讓老屋迷在穿街走巷間得到酣暢淋漓的滿足。

交通資訊

・火車：搭台鐵至宜蘭火車站，從前站出口步行，站旁亦可租借單車。

散步方式

步行、單車。

合盛太平咖啡

曾是宜蘭市最負名氣的醫院，以咖啡館的姿態重新營業，仍保留掛診窗口、待診區等舊格局並融入新鮮設計元素。

宜蘭市中山路三段145號

03-936-0060

宜蘭文學館

前身是宜蘭農校校長宿舍，因金城武來此拍攝廣告而聲名大噪。不妨坐在榻榻米上閒望庭園，感受和式風情之美。

宜蘭市舊城南路縣府2巷19號

03-932-4349

藍屋餐廳

1895年建成，跨越百年的宜蘭監獄門廳曾為藝文空間，今轉作歐式餐飲，藍漆白窗、木造石瓦為其鮮明特色。

宜蘭市神農路二段117號

03-936-8282

↑七十幾年的二層木造房，正面可見寄棟式屋頂（註）、外露窗台和隔柵窗，為一保存完好的日本書院式住宅。

特色老屋

The Wall 賣捌所

在全台灣老屋改造的經營型態中，鮮少有以音樂空間作為主軸的，在得知宜蘭不但有一間甚至還標榜「獨立音樂」的特色，自然馬上列入拜訪名單。

邁出宜蘭火車站彎入康樂路，旋即來到The Wall賣捌所，兩層樓的日式木屋偎挨在一排水泥樓房中，模樣小巧可愛，屋前的大王椰子樹卻筆直地拔地而起，似有沖天姿態，鮮明有趣的對比叫人發噱。

日治時期，台灣境內實施菸酒專賣制度，大正九年

↑在隨興自在的日式空間裡聆聽音樂，總是能讓旅人不知不覺慢下腳步。

（一九二〇年）成立台灣總都府專賣局宜蘭出張所，底下設有數間「賣捌所」，也就是批發經銷處。這棟木屋由賣捌人小島任三郎在一九三八年興建而成，作為住家和菸酒賣捌所。

一九四五年終戰後台灣主權更迭，木屋歷經轉作水利局宿舍、長年累月閒置、公告為縣定古蹟等幾番物換星移，二〇〇八年由文建會出資整建外牆雨淋板、封簷板、雨庇等工程。如今，以舉辦Live House聞名音樂界的The Wall Music團隊承租經營，為這棟近八十歲的老屋注入地下音樂的靈魂，激盪出煥然一新的風貌。

←店長小愛常接洽國內外獨立樂團演出以及社會議題類電影的播映。
←←窗櫺線條十分優雅，窗台下方的是可自由開合的透氣窗。

↓二樓是開放式榻榻米用餐座位，周末也兼作電影放映室。

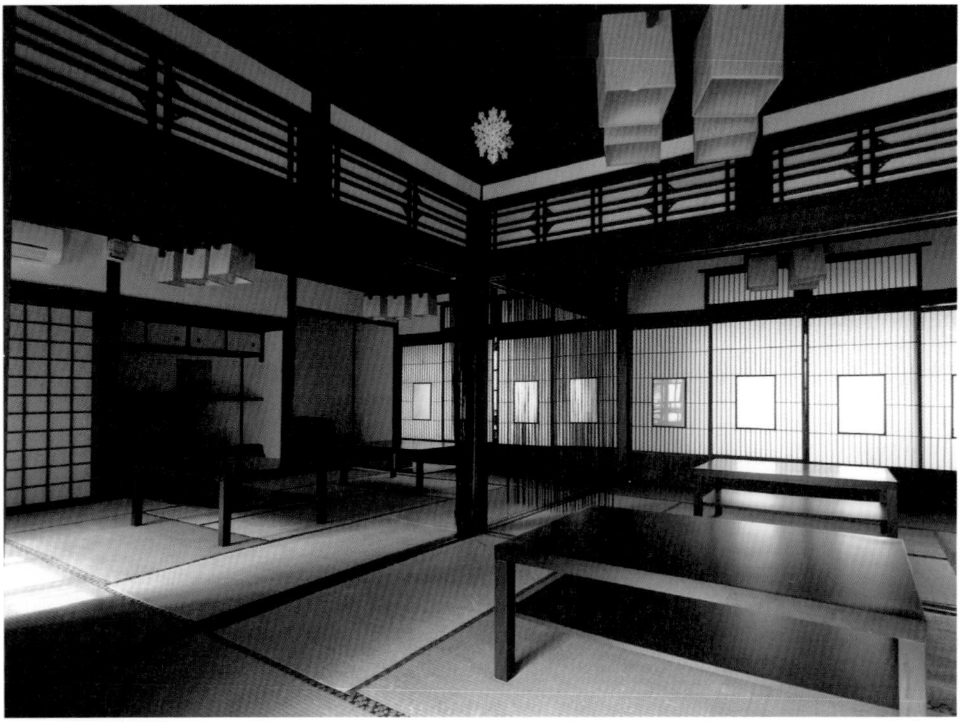

→延請老師傅修補才得以回復完好的石膏牆面。
→→別忘了抬頭欣賞建築細節，天花板轉角處有相當精緻的扇形收邊工法。

窩進賣捌所的老沙發椅，沒聽過的樂曲緩緩流瀉溢滿和式迴廊，低沉略帶沙啞的嗓音吐露未經矯飾的味道，似乎唱出了埋藏在內心深處的悸動，雖然無從得知歌詞內容，依然無礙於音符穿透人心的感染力。

看起來像只有二十出頭的店長美眉小愛熱心地為我導覽空間，她說，The Wall進駐後除了撤掉一樓榻榻米、重新鋪設木頭地板外，並未進行其他大幅整修，盡其所能地保留原本老屋味道。

周末的現場演出是最吸引人的賣點，不論曲風是搖滾、龐克或小清新創作，表演者來自本地或國外，賣捌所都非常積極引進各種音樂形式的交流。小愛認為，這裡的空間和一般Live House比起來相形較小，但也因此演出者和觀眾之間幾乎零距離，可以隨心所欲地自在聊天，進入一種放鬆而迷人的狀態。

七十幾年前，這裡是菸草批發處，只有特定商賈出入往來；現在，這裡是音樂交流的文化基地，任誰都可以踏進門來，沉醉在樂聲盈繞的老屋氛圍裡。

註
寄棟式屋頂：四面皆為斜坡的屋頂。

↓從後院看，「ㄇ」字型的建築形式一目瞭然。

↑The Wall Music承租經營，店裡舉辦許多音樂表演活動，許多少見的獨立音樂CD在這裡都可以找到。

The WALL 賣捌所

- 音樂演出、獨立唱片、咖啡輕食、手作商品
- 宜蘭市康樂路38號
- 03-935-2493
- 10:00-22:00（週二休）
- FB搜尋**The WALL** 賣捌所

↑碧藍色的傳統閩式房屋外觀是Stay旅人書店予人的鮮明印象。

特色老屋

Stay旅人書店

這些年，許多年輕人離開家鄉打拚，經過多年城市生活的洗禮後，有的始終心懷原鄉戀戀難捨，有的不甘夢想被現實七折八扣，於是選擇回到老家重新發展，期待實現理想中的生活。

世傑也是相繼回流故鄉的一份子，在宜蘭小鎮羅東長大，繞了半個台灣到台中都會念書、闖蕩十幾年，卻從未習慣城市裡忙忙叨叨的節奏，三年前和同樣出身宜蘭的妻子結婚後，決定聽從內心的聲音——回老家開書店。

大學研習文史科系的世

↑書店主人世傑親自設計書架和選書，以旅行、人文類書籍為大宗。
↘世傑選擇回到宜蘭打拚，期盼用實際行動為家鄉帶來多一些不一樣的可能性。

傑，特地落腳於宜蘭的舊城區中心：擁有兩百多年歷史的鄂王社區，這個本已沒落許久的老街市經過十年社造運動的努力，獲得「聯合國宜居城市競賽」藝術文化遺產第一名，石道、磚牆、古蹟、老井……，在街坊巷弄間隨意走逛，處處可見傳統匠師百年凝鑄的工藝光華。

經由鄰里耆老提供的情報，世傑慢慢推敲出他所承租這一棟老屋的歷史，老屋大約

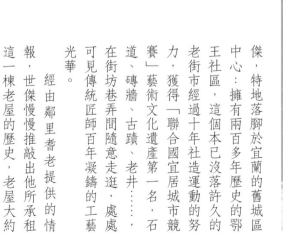

在一九三五年由吳姓屋主親自建造，由於吳家兩代都是手藝精湛的木匠，數十年間屋況維護得相當良好。

世傑有點感慨地說：「Stay旅人書店很可能是全宜蘭日治時期木構民居轉型商業經營唯一成功的案例，因為這裡有氣候上的潮濕問題，一般老民宅沒有用心保養的話很難留住。」

剛接手房子時因為已經閒置兩年，難免還是需要些許整修，待清理較危險的坍塌夾板、換掉蛀蝕腐朽的樑木後，

↓從屋樑的形狀可推知建材的新舊：早期因缺少裁切大塊木頭的技術而保留下原木的形狀。

在不影響結構安全之下打通隔間、外牆漆上明亮碧藍強調營業屬性，此外就讓房子保持原狀，留下數十年來因應生活自然補綴的常民有機建築形態。

在老屋裡，世傑一步步地實踐回鄉打拚的計畫：舉辦講座廣邀各界分享在宜蘭兼顧理想與生活的心路歷程，或者國外城市社區發展的成功案例，讓關切推動這片土地發展的本地人，從交流中激盪出可行的方式；另外還設計發行宜蘭舊城區的旅行地圖，讓外來遊客按圖索驥就可以在街衢間信步悠遊，透過腳下足跡，與宜蘭百年的人文軌跡相遇。

Stay旅人書店，不只呼喚離鄉遊子的回歸，也期盼著旅人的駐足凝眸。

→在和室的錯落光影裡或坐或臥，感受時間悠然經過。
↓書店發行的昭和年代宜蘭地圖，略做修改加入現代資訊便可讓旅人按圖索驥逛遊舊城區。

Stay旅人書店
- 書籍、刊物、市集、講座
- 宜蘭市碧霞街14號
- 03-932-5957
- 11:00-19:00（週二、三休）
- FB搜尋**Stay**旅人書店

↑在Stay旅人書店的講座圍繞著宜蘭理想生活、國際城市發展兩大主題。
↘各個角落擺售友人創作的畫作、陶器等手工藝品。

花蓮・中正路

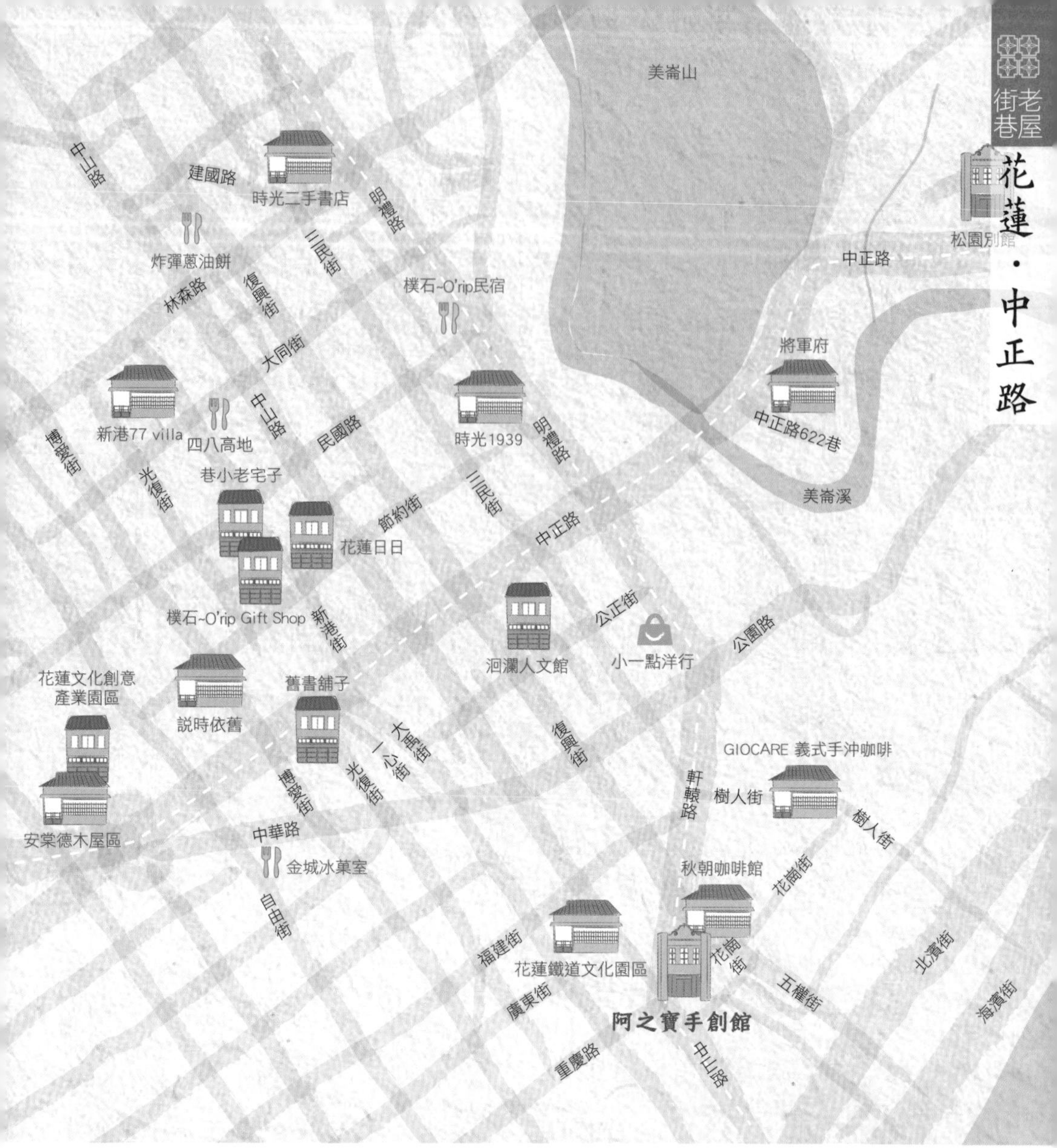

花蓮文化創意產業園區

前身為成立於1913年的舊酒廠，閒置十多年後變身為藝文展演空間，園區裡共有二十六棟風格各異的建築群。

花蓮市中華路144號

03-831-2111

O'rip 生活旅人Gift Shop

寄居老屋的文青風小店，除了販售在地藝術家創作的生活雜貨也十分關心環境議題，常舉辦講座和發行相關刊物。

花蓮市節約街27號

03-833-2429

時光二手書店

小巷裡的獨立書店，改建自日治時期老木屋，舊書、老屋總是吸引著愛書人的停駐，享受悠緩氣氛。

花蓮市建國路8號

03-835-8312

花蓮市的黃金商業地帶莫過於由中正路、中山路和中華路交匯而成的「三中商圈」，串聯周圍街道和舊鐵道商圈、花蓮文創園區等，成為居民與遊客最喜愛的熱門去處。

中正路以文創園區為起點，松園別館為迄點，鄰近街道上的老屋文創空間可說是展店如織，頗有目不暇給之感，騎單車沿路逛遊老屋，也遊走在百年洄瀾的人文記憶裡。

交通資訊

・公車：從花蓮火車站搭太魯閣客運301號可抵花蓮文創園區，園區旁即是中正路。或搭花蓮客運1121、1140、1145至中正站下車。

散步方式

單車。

炸彈蔥油餅

總是大排長龍的夯店，半熟的金黃蛋液在手擀蔥油餅裡傾瀉而出，讓人吮指回味，被譽為老花蓮代表美食。

花蓮市復興街102號

0919-288-590

松園別館

蓊鬱高聳的百年松林裡佇立一棟70多年的古樸建築，前身為花蓮港兵事部辦公室，在此可盡覽太平洋湛藍絕景。

花蓮市松園街65號

03-835-6510

將軍府

彎進小巷不可思議地出現一整排日式街道，參天巨榕下的將軍府今為日文圖書館，開放大眾參觀感受悠閒風情。

花蓮市中正路622巷6號

03-822-7121

↑在花蓮舊火車站還在運轉的年代裡，這棟洋房曾是站前最大建築物。建築物造型依轉角而設計，牆面開有多扇大窗。

←因位居重要交通樞紐，曾有多家和陸、海、空運輸相關公司進駐營業。

特色老屋

阿之寶

這些年只要提到花蓮的文創景點，「阿之寶」絕對是無法忽視的存在，它寓居在一百年來舊火車站前最大的建築物內，這棟建物是一九五一年花蓮大地震後興建的第一批新式洋房，簡約優雅的現代風貌，被譽為當地最美麗的老洋房。

當時由於災後物資缺乏，建築工法隨樓層而異，一樓水泥、二樓木頭，後來加蓋三樓使用鋼架，目前屋內尚完整呈現如此特殊的演進軌跡。六十幾年來，這棟洋房因位居鐵路與海運的樞紐位置，曾有許多運輸業、航空公司、報關行進駐設點，至今門口還懸掛著當

↑一樓內部清楚呈現和建物外觀一致的弧度，牆面的藍綠色拓印來自相當少見的滾筒壓印技術。

↓以建物側邊的大門為入口。

時營業公司的招牌，彷彿時空還停駐在過去的輝煌歲月。

至於阿之寶經營人秀美在這裡開店的經過，又是一則令人嘖嘖讚嘆的老屋傳奇。她說自己是基隆人，媽媽的娘家在花蓮，二十年前和也來自花蓮的先生明誠在台北出版社擔任美編，後來為了照料生病的公公而返鄉，偶然發現在地的伴手禮選擇有限，決定一邊繼續接案一邊開設禮品店。

尋找店面時看到這棟房子，因為先生小時候曾經來過所以特別感興趣，這時房東剛好要搬家，又和她公公是舊識而優先租給他們。更神奇的是，在整理房子的過程中，秀美竟然發現了自己外公和老屋主的合照，等於

↑↗阿之寶自製的手繪花蓮老屋明信片和復刻八十幾年前的花蓮老明信片。
←二樓販售台灣各地的設計產品受到廣大歡迎，印證阿之寶的選物眼光十分精準。
↓一樓展示老屋主珍藏的單據、發票、股票等各種文件，揭露當地多年來的民生面貌。

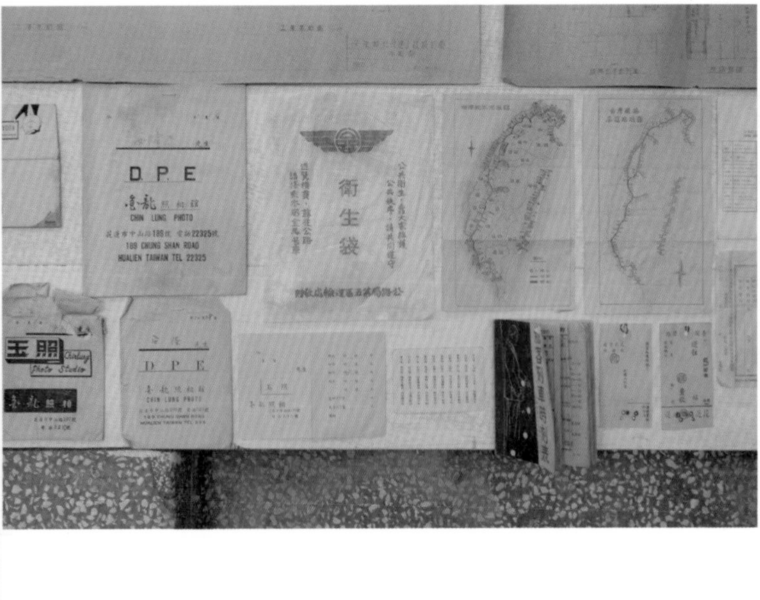

這棟房子和他們夫妻倆的家族都有著深厚的連結，她說，老屋似乎在冥冥中召喚著他們來到這裡。

秀美夫妻倆本來就對文史研究有濃厚的興趣，開店之後更是一頭栽入挖掘老屋的身世、與老屋相關的家族史甚至花蓮的地方史，在他們的細細爬梳之下，發現興建老屋的首任屋主林桂興曾擔任議員，在花蓮成立台灣第一支棒球隊「能高團」、大力資助在地音樂家，對地方發展貢獻厥偉，卻於二二八事件被羅織罪名而枉死。

秀美的外公葉佑庚則曾擔任花蓮縣議長，在其任內爭取北迴鐵路、國際港等建設，影響花蓮至為深遠，他也曾在老屋內開設公司經營生意。阿之寶店內悉心展示了那個年代的照片、剪報，撫今追昔，老屋

↑承租前二樓木質樑柱曾被長期包覆而慘遭蟲蛀，較淺色的樑木是替換後的木材。

在花蓮歷史中留下的足跡歷歷在目。

夫妻倆還發揮美術設計的專長，將四處苦心搜集的文史資料規劃成特色展覽，曾舉辦過老照片展、花蓮街道地圖展、民生物件展等，許多在地長輩特地為此走進這棟他們觀望了數十年的老屋，走進他們記憶裡的黃金年代。

秀美是我所遇到的老屋經營者之中，少數與老屋有如此微妙聯繫的人，特別請教她一路走來的感受，她眼眶有點泛淚，嘴角卻帶著微笑地說：「整修老屋花費四、五百萬，其實已經超乎我們的能力，但是很多記憶因為這棟房子又重新被挖掘，每個階段總是有某個信物會出現，好像不斷在鞏固我們的信心，告訴我們不要放棄。」

重新發掘一幢沉寂多年的老宅與珍貴文史，是阿之寶送給花蓮的一份大禮，從今年開始，阿之寶也緊鑼密鼓地準備推出自製開發、蘊含地方風土特色的精緻禮品，期盼本地人和外來遊客在選購伴手禮之時，也帶走一份對於花蓮文化更深層的認識。

↑透過大面開窗，花蓮的青山綠野彷彿就在觸手可及之處。

阿之寶

- 文創商品、藝文展覽、美術設計
- 花蓮市中山路48號
- 03-835-6913
- 11:30-19:30（週四休）
- FB搜尋阿之寶

台東・鐵道藝術村周邊

台東故事館・誠品書店

誠品書店在舊台東地政事務所辦公室裡開張，藉由書香和藝文展演與在地結合，活化利用這棟50歲的歷史建築。

台東市博愛路478號

089-330-388

晃晃二手書店（一店）

台東少見的獨立書店，以二手書與CD交流、藝文活動為特色，收入一成用來照顧街貓，自許成為台東人的客廳。

台東市新生路503巷8號

0914-073-170

山海鐵馬道

全長21公里，途經鯉魚山、台東糖廠、卑南大圳、森林公園、海濱公園等，沿途踩踏愜意盡享山海人文風光。

起訖點為台東鐵道藝術村

089-357-131

自從台東火車站新站落成，八十歲的舊車站即從歷史的舞台上隱身幕後，之後幾經政府規劃，成為包含藝文與旅遊等多元功能的休閒空間，以「鐵道藝術村」的面貌重現世人眼前。

即使卸下了交通樞紐的重責大任，舊站周邊的人文軌跡仍歷歷可見，近年來，和舊站發展脈絡相關的新生路、鐵花路和中華路等鄰近街區，更在其歷史人文的基礎上帶動街區再生風潮，舊站風華其實未曾從時代演變中消褪。

交通資訊

・公車：於台東火車站或航空站搭乘鼎東客運山線、海線或市區公車（普悠瑪客運）陸海空快捷線至旅服中心站下車，後方即鐵道藝術村。

散步方式

步行、單車。

藍蜻蜓速食專賣店

到台東值得一嚐的速食店！號稱台東肯德基，20多年來以台式炸雞口味深植人心，也頗受時下年輕人的喜愛。

台東市大同路214號

089-310-869

台東縣兒童故事館

承襲1937年菸酒公賣局宿舍的日式建築，戶外遊戲區、老榕樹與舒適簷廊，打造孩子們無拘無束的閱讀天堂。

台東市大同路103號

089-323-319

鐵花村

由台灣好基金會向政府承租鐵花路旁的台鐵貨倉宿舍，每個周末台東藝文創作者在這裡舉辦音樂演出和創意市集。

台東市新生路135巷26號

089-343-393

↑BOLTON老屋前的大葉欖仁綠蔭重重，篩掉東台灣艷陽高照的熱氣，帶來一室清涼。

特色老屋

BOLTON 創意設計皮の工房

早上沒看時間，只知道太陽應該比我早醒來很久了，才牽出跟飯店借的單車，以緩慢的速度繞著舊火車站的街廓逡行，是啊！都來到台東了，如果還無法忘掉城市裡的節奏，那豈不是太對不起這個慢活天堂。

沒有目的地亂騎亂逛，只要道路前方景色看似怡人，就毫不猶豫踩動踏板，就這樣騎過了台東故事館誠品書店、鐵道藝術村、鐵花村……漸漸地人聲遠去，我發現眼前出現了

↑從打通隔間留下的不規整痕跡可看出水泥磚造的結構。

↓用鐵線繞行磁珠，為原本單調的牆壁增加視覺上的變化。

一大片看似宿舍的老屋群落。

邊間一棟老屋五顏六色的彩繪牆和舊木窗吸引了我的注意，走近一瞧，玻璃櫥窗陳列著各形各色的皮包、皮箱、皮革飾品，於是我推開鑲漂流木門把的大門，裡頭兩位師傅正聚精會神地雕琢手上的皮件，放任我這個突然闖入的遊客自由參觀。

逛了一陣，自由不羈又略帶隨興的空間風格激起了我的

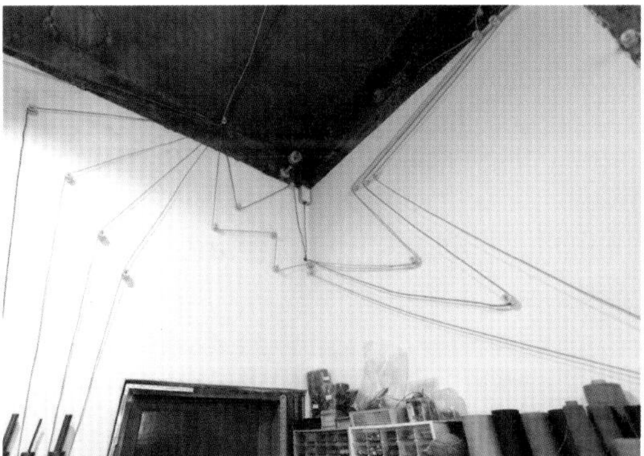

↑店內巧妙布置老件和回收木料，各種皮革創作擺置在老空間裡似乎恰得其所。

↑老闆Bolton是每天一大早起床衝浪的陽光型男，喜愛運用皮革和木件等自然素材創作。

好奇心，於是我忍不住和其中一位型男也就是老闆Bolton攀談起來，他笑了笑，似乎早已習於回答旅人的問題。

他說，兩年前來到舊站沿著鐵軌散步，走到尾端看見這些鐵路局老宿舍很有感覺，那時因為這批老房子形同荒頹，

↑展示店面有充足的自然光照，天花板綴上各色布料呈現原始皮革的意象。

衍生棘手的治安問題，台鐵正在對民間招標，希望達到經營活化的目的，Bolton於是投標進駐，經營皮件工作室兼店面。

他和鄰居阿伯閒聊得知，這些房子至少六十多歲，其中有二十幾年處於無人聞問的狀態。他剛進來時，屋頂漏水、壁癌滿佈、雜草叢生等老房子附加的「配備」一應俱全，修繕工程與布置開店足足花費近十個月才完工。

最大的改造部分是以不規則的方式打通兩棟宿舍隔間、露出部分磚牆結構；以及拆卸檜木地板床架、將卸下的木料依原尺寸設計成新家具再次利用；有些木門、木窗早已遺失或損壞，就以四處找來的老件替換。

除此之外，Bolton還十分熱衷運用各種回收木件布置空間，像是木板隔間的通氣窗、細電線的輪軸甚至零星的回收木料，透過創意以原木的樸實質感烘托出皮件的設計美感，自然元素彼此間的呼應，感覺無比對味。

走出老屋，聽Bolton說未來這一批舊宿舍會由政府整理，開放給在地的手作和藝文工作者進駐。我站在東部特有的湛藍天空下，樂觀而浪漫地想像：眼前這一棟棟印痕斑駁的老屋，有天將以令人讚嘆的姿態重獲新生，成為台東舊站街廓的新一波文創脈流……

↓工作室側面彩繪說明了這裡的重要元素：老屋改造與皮件創作。

BOLTON 創意設計皮の工房

- 皮件創作、客製、教學、材料販售
- 台東市中華路一段586巷15號
- 089-341-136
- 10:00-22:00（無週休）
- FB搜尋BOLTON 創意設計皮の工房

國家圖書館出版品預行編目資料

台灣老屋散策：穿街走巷人文慢旅
／張倫著.--初版. --台中市：
晨星, 2016.07
272面 ;公分. --（台灣地圖 ;039）

ISBN 978-986-443-144-1(平裝)
1.老屋 2.人文地理 3.臺灣遊記

733.6 105008099

台灣地圖039

台灣老屋散策──穿街走巷人文慢旅

企劃・撰文・攝影	張　倫
主　　編	徐惠雅
校　　對	徐惠雅、張倫、張沛然
美術編輯	林恒如
封面設計	楊啟巽
地圖繪製	銳點視覺設計工作室、張倫
創 辦 人	陳銘民
發 行 所	晨星出版有限公司 台中市407工業區30路1號 TEL：04-23595820 FAX：04-23550581 E-mail：service@morningstar.com.tw http：//www.morningstar.com.tw 行政院新聞局局版台業字第2500號
法律顧問	陳思成律師
初　　版	西元2016年07月10日 西元2019年4月20日（二刷）
總 經 銷	知己圖書股份有限公司 台北 台北市106辛亥路一段30號9樓 TEL：02-23672044／23672047 FAX：02-23635741 台中 台中市407工業30路1號 TEL：04-23595819 FAX：04-23595493 E-mail：service@morningstar.com.tw 網路書店 http://www.morningstar.com.tw
郵政劃撥	15060393
讀者服務專線	04-23595819#230

定價450元
ISBN 978-986-443-144-1
Published by Morning Star Publishing Inc.
Printed in Taiwan

◆讀者回函卡◆

以下資料或許太過繁瑣，但卻是我們了解您的唯一途徑，

誠摯期待能與您在下一本書中相逢，讓我們一起從閱讀中尋找樂趣吧！

姓名：＿＿＿＿＿＿＿＿ 性別：□男 □女 生日： / /

教育程度：＿＿＿＿＿＿

職業：□學生 □教師 □內勤職員 □家庭主婦

□企業主管 □服務業 □製造業 □醫藥護理

□軍警 □資訊業 □銷售業務 □其他＿＿＿＿

E-mail：＿＿＿＿＿＿＿＿＿＿ 聯絡電話：＿＿＿＿＿＿＿＿

聯絡地址：□□□＿＿＿＿＿＿＿＿＿＿＿＿＿＿＿＿

購買書名：台灣老屋散策──穿街走巷人文慢旅

・誘使您購買此書的原因？

□於＿＿＿＿書店尋找新知時 □看＿＿＿＿報時瞄到 □受海報或文案吸引

□翻閱＿＿＿＿雜誌時 □親朋好友拍胸脯保證 □＿＿＿＿電台DJ熱情推薦

□電子報的新書資訊看起來很有趣 □對晨星自然FB的分享有興趣 □瀏覽晨星網站時看到的

□其他編輯萬萬想不到的過程：＿＿＿＿＿＿＿＿＿＿＿＿＿＿＿＿

・本書中最吸引您的是哪一篇文章或哪一段話呢?＿＿＿＿＿＿＿＿＿＿＿＿

・對於本書的評分?（請填代號：1.很滿意 2.ok啦！ 3.尚可 4.需改進）

□封面設計＿＿＿＿ □尺寸規格＿＿＿＿ □版面編排＿＿＿＿ □字體大小＿＿＿

□內容＿＿＿＿ □文／譯筆＿＿＿＿ □其他＿＿＿＿

・下列出版品中，哪個題材最能引起您的興趣呢?

台灣自然圖鑑：□植物 □哺乳類 □魚類 □鳥類 □蝴蝶 □昆蟲 □爬蟲類 □其他＿＿＿＿

飼養＆觀察：□植物 □哺乳類 □魚類 □鳥類 □蝴蝶 □昆蟲 □爬蟲類 □其他＿＿＿＿

台灣地圖：□自然 □昆蟲 □兩棲動物 □地形 □人文 □其他＿＿＿＿

自然公園：□自然文學 □環境關懷 □環境議題 □自然觀點 □人物傳記 □其他＿＿＿＿

生態館：□植物生態 □動物生態 □生態攝影 □地形景觀 □其他＿＿＿＿

台灣原住民文學：□史地 □傳記 □宗教祭典 □文化 □傳說 □音樂 □其他＿＿＿＿

自然生活家：□自然風DIY手作 □登山 □園藝 □觀星 □其他＿＿＿＿

・除上述系列外，您還希望編輯們規畫哪些和自然人文題材有關的書籍呢?＿＿＿＿＿＿

・您最常到哪個通路購買書籍呢? □博客來 □誠品書店 □金石堂 □其他

很高興您選擇了晨星出版社，陪伴您一同享受閱讀及學習的樂趣。只要您將此回函郵寄回本社，我們將不定期提供最新的出版及優惠訊息給您，謝謝！

若行有餘力，也請不吝賜教，好讓我們可以出版更多更好的書！

・其他意見：＿＿＿＿＿＿＿＿＿＿＿＿＿＿＿＿＿＿＿＿＿＿＿＿

晨星出版有限公司 編輯群，感謝您！

請填妥對折裝訂，直接投郵即可，免貼郵票

廣告回函
台灣中區郵政管理局
登記證第267號
免貼郵票

407
台中市工業區30路1號
晨星出版有限公司
贈書洽詢專線：04-23595820#112

請沿虛線摺下裝訂，謝謝！

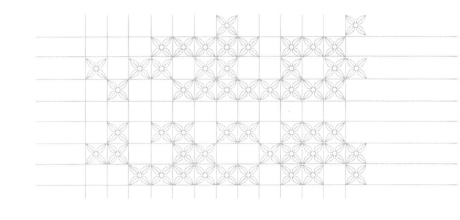

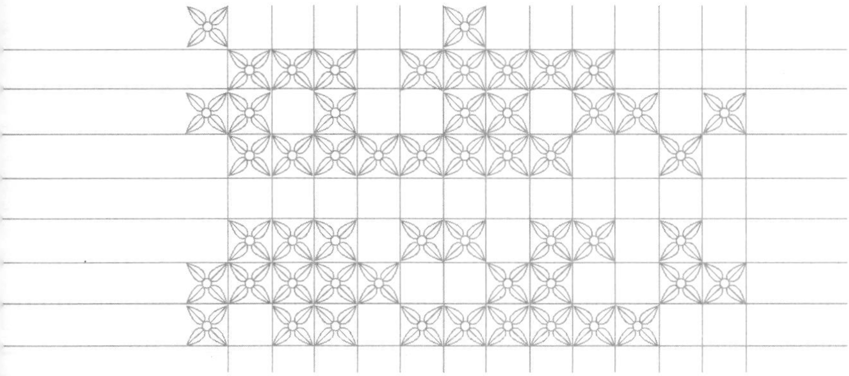